Edda Rönckendorff
Hexen haben's heute schwer

BASTEI-LÜBBE-TASCHENBUCH
Band 11 499

Copyright © 1987 by Scherz Verlag,
Bern und München
Lizenzausgabe mit Genehmigung des Scherz Verlags,
Bern und München:
Gustav Lübbe Verlag GmbH, Bergisch Gladbach
Printed in West Germany, November 1989
Einbandgestaltung: Roland Winkler
Titelillustration: Dagmar Geisler
Gesamtherstellung: Ebner Ulm
ISBN 3-404-11499-x

Der Preis dieses Bandes versteht sich einschließlich
der gesetzlichen Mehrwertsteuer

Inhalt

Kein Platz für Geister 7

Hexerei im Winter 12

Besuch am späten Abend 19

Trau keiner Fee! 41

Neues von der Hexe 46

Monologe mit Mars 56

Der Zauberer 78

Das Geschenk 84

Sommerliches Ungemach 90

Verzauberter Mittag 105

Schabernack 110

Katergeschichte 121

Nächtliches Eisenbahngespräch 128

Die Hexe in der Stadt 133

Doch ein Platz für Geister 148

Kein Platz für Geister

Vor ein paar Jahren lernte ich in den Ferien eine ältere Dame kennen. Sie trug eine Pagenfrisur, kleidete sich in Handgewebtes, hatte eine Vorliebe für Lila, verabscheute Fleisch, kunstgedüngtes Gemüse und rauchende Menschen. Abends versammelte sie unter gelindem Zwang die Gäste der Pension um sich und erzählte Märchen, die sie anschließend deutete. Ich erinnere mich an Rotkäppchen. An den verlegenen Gesichtern der anderen Zwangszuhörer sah ich, daß auch ihnen nie vorher aufgefallen war, wie ungewöhnlich unanständig Rotkäppchen ist.

Ein- oder zweimal traf ich die Dame bei Spaziergängen. Sie war sehr mitteilsam und sprach mich jedesmal an. Sie erzählte viel über die Natur und ihre Geister und sang ein Loblied auf eine norwegische Freundin. «Sie ist ein Mensch», erklärte sie, «der noch so stark in der Natur lebt, daß er den Nöck im Wasserfall sieht.»

Seither ist mir der Nöck im Wasserfall immer wieder eingefallen. Ich wollte, ich könnte ihn auch sehen, aber leider kann ich ihn mir nur ausdenken. Und da man ja nun mit dem zufrieden sein soll, was man hat oder was man kann, bevölkere ich meine langen Tage voller Kinderwirtschaft und Hausarbeit mit dem Nöck und anderen freundlichen Geistern.

«Du liebe Zeit!» sage ich. «Da bist du ja schon wieder. Mußt du eigentlich jeden Tag um zehn Uhr morgens in der Badewanne sitzen und soviel herumspritzen? Müssen es immer so viele Algen sein? Jetzt bist du doch tatsächlich mit deinen großen grünen Füßen bis zum Waschtisch gepatscht und hast dir mein Badesalz geholt! Es ist teuer. Kipp nicht gleich die ganze Flasche aus, hörst du. – Ja, du singst wirklich wunderschön. Sing weiter, ich höre dir gern zu. – Was ich noch sagen wollte. Wenn du dich nachher abtrocknest, nimm bitte das grüne Badetuch. Das von Klaus. Der wäscht sich sowieso nie und merkt es nicht. Nein! Nicht meines, auch wenn rosa Röschen drauf sind. Ich kann nun mal keine Algen und Schlingpflanzen im Badetuch leiden! – Und tu mir einen Gefallen, laß dich nicht von meiner treuen Frau Weber erwischen. Wenn sie dich sieht, bekommt sie bestimmt einen Schreikrampf und wird nie wieder bei uns putzen.»

Auf dem Anzug sind mal wieder Fettflecken. Ich hole Fleckenwasser, schraube den Deckel auf, es macht «Hui!», und quer durch die Küche kräuselt sich ein Flaschengeist.

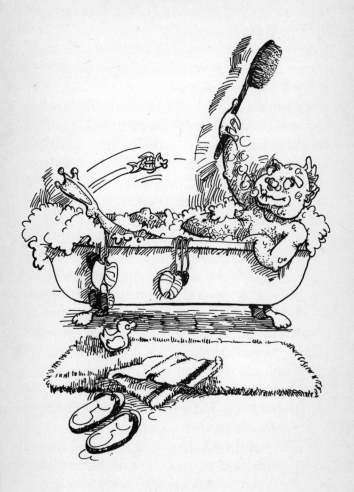

«Was befiehlt mein Gebieter?» sagt er.

«Also, wenn du wirklich helfen willst, könntest du drei Liter Milch holen. Halt, warte noch! Ich muß dir Geld mitgeben.»

Er verschwindet und kommt mit der Milch wieder. Dann sitzt er auf der Küchenbank und macht ein bitterböses Gesicht.

«Ich sehe ja ein, daß Milchholen keine Beschäftigung für einen Flaschengeist ist, aber weißt du, ich gehe so selten in unwegsamen Gebirgen verloren, daß man mich retten müßte. – Wenn ich nur wüßte, wozu ich dich anstellen kann! Könntest du vielleicht bügeln? – Schade. Brillanten? Was, den Koh-i-noor? Ach, mein Lieber, das ist reizend von dir. Aber was soll ich damit? Unmöglich, ich kann beim Bettenmachen nicht den Koh-i-noor tragen. Wenn ich versuche, ihn zu verkaufen, sperren sie mich lebenslänglich ein. Unsere Freunde? Bei mir glauben die doch nur, daß es Straß von Woolworth ist! – Einen Prinzen willst du mir holen? Nimm doch Vernunft an! Ich kenne sie alle aus den Illustrierten und dem Fernsehen. Ja, ich bin sicher, daß ich keinen Prinzen will. Ich habe es mir genau überlegt. Wen? – Nein, den auch nicht.»

Er sitzt auf der Küchenbank und wird immer trauriger. Ich mache ihm das Fenster auf und sage ihm, daß er frei ist. Aber er will nicht fort. Wohin?

Ich wußte es auch nicht. Jetzt bleibt er im Fleckenwasser. Im nächsten Urlaub werde ich mich absichtlich verirren oder entführen lassen. Ich muß nur dran denken, das Fleckenwasser mitzunehmen.

Abends, als ich Reste vom Mittagessen aufwärme, steht auf einmal eine winzige alte Frau vor dem Herd und murmelt etwas über der Tomatensuppe und den Bratkartoffeln.
«Entschuldigen Sie bitte, aber was tun Sie da?»
Sie dreht sich zu mir um und lächelt liebreizend. «Ich bin die Fee vom Breitöpfchen.»
«Heißt das, daß es bei uns nun immer...?»
«Ja», sagt sie, «immer Tomatensuppe und Bratkartoffeln.»
Ich wollte sie zu unseren Nachbarn schicken. Aber von denen kam sie. Die hatten gerade Sauerkraut aufgewärmt. Die Fee war sehr traurig, und ich habe mich geschämt.
«Wenn Sie vielleicht nur die Bratkartoffeln nähmen?» schlage ich vor. Sie schüttelt den Kopf. Jetzt sind wir beide traurig.

Als mein Mann kommt und fragt, was es denn bei mir so gegeben hätte, sage ich das, was ich meistens ganz wahrheitsgemäß sage:
«Nichts Besonderes, den ganzen Tag Haushalt.»

Hexerei im Winter

Die Hexe begann sich zu langweilen. Der Winter mit seinem Regen und Schnee machte die Wege grundlos; er peitschte mit seinen erbarmungslosen Sturmwinden die Bäume um ihr Haus und vertrieb die wenigen Menschen, die sie sonst wintersüber hätte ärgern können, aus dem Wald. Die Hexe hockte verdrossen vor dem Kachelofen, staubte wieder einmal den Besen ab, obwohl er gar nicht staubig war, gab dem Kater einen Tritt und verscheuchte den Hahn, der sich gerade auf ihre Schulter setzen wollte.

«Wenn sie nicht zu mir kommen, gehe ich eben zu ihnen», sagte sie nach längerem Nachdenken und spähte aus dem Fenster. Überall wogte watteweicher Nebel. Reisewetter, das sie schätzte.

Niemand in der kleinen Stadt konnte der alten Frau ansehen, daß sie eine Hexe war. Die Hexe hatte langjährige Berufserfahrungen; sie benahm sich wie jede freundliche ältere Dame: Sie war liebenswürdig, neugierig und mischte sich in das Leben anderer ein.

«Warum sind Sie an einem so herrlichen Wintertag traurig?» fragte sie das unscheinbare Mädchen, das verloren in der Nähe der Würstchenbude stand, welche sehr zum Mißfallen der Hexe nach dem Muster eines Hexenhauses gebaut war.

«Ich weiß nicht...», sagte das Mädchen überrascht. Der Nebel war inzwischen noch dichter geworden. Sie sah die Hexe wie durch einen Tüllschleier. «Finden Sie denn diese Kälte und den Nebel schön?»

Die Hexe seufzte unhörbar und zwang sich zu Geduld. Sie konnte es bei den Menschen nicht ausstehen, daß sie immer so unbestimmt waren und auf klare Fragen nie klar antworteten. Sätze, die mit: «Ich weiß nicht...» begannen, wo sie es in Wirklichkeit doch ganz genau wußten, regten sie besonders auf.

«Das Wetter ist immer schön!» Sie machte ein strenges Gesicht. «Es kann doch nichts dafür, wenn Sie nicht in der Stimmung sind, seine Schönheit zu sehen.»

Daß das Mädchen nun lächelte, machte es nicht schöner. Diese junge Person würde immer unscheinbar bleiben, lächelnd, ernst oder weinend. Die Hexe verstand sich sehr gut auf die Gesichter der Menschen.

«Ihr Freund?» sagte sie forschend. «Er liebt eine andere? Sie möchten ihn festhalten, können es aber nicht.»

«Ja.»

Die Hexe lächelte verstohlen und sehr erfreut in den Nebel hinein. Die Zeit der Langeweile war vorbei. Sie sah Arbeit auf sich zukommen. Arbeit, die genau nach ihrem Geschmack war.

«Erzählen Sie mir von ihm, liebes Kind. Das wird Ihnen ganz sicher guttun.»

«Ich liebe ihn sehr», sagte das Mädchen leise. «Er ist klug und schön. Ich denke immerzu an ihn, immer. Aber ich kann nicht von ihm träumen, und das möchte ich so gern, weil ich ihn dann auch sehen könnte. Jetzt sehe ich ihn nicht; er hat zu viele Gesichter. Sie gehen mir während des Tages verloren...»

«Hm!» brummte die Hexe auffordernd, tat so, als höre sie zu, fand das Gerede Schnickschnack und überlegte, was es für sie zu hexen gäbe. Ich könnte ihm eine dicke Warze auf die Nase machen, dachte sie, verwarf den Gedanken aber sofort. Sie fand ihn ihrer nicht würdig. Und wenn ich nun hexe, daß er häßlich wie die Nacht wird? Darüber kicherte sie, denn als Hexe fand sie die Nacht wunderschön. In Menschengestalt dachte sie manchmal schon wie ein Mensch.

«Würden Sie ihn denn auch lieben, wenn er krank und häßlich wäre? Wenn kein schönes Mädchen sich nach ihm umdrehte; wenn nur Sie allein ihn liebten und niemand Sie um ihn beneidete?»

«Das weiß ich nicht», sagte das Mädchen.

«Woher soll ich es denn wissen? Ich liebe ihn doch, weil er so ist. Ich werde ihn immer lieben.»

«Ich bin eine alte Frau», sagte die Hexe in hübschem Tonfall. «Glauben Sie mir, ich kenne das Leben. Haben Sie Geduld, mein Kind. Es wird alles gut werden.» Sie löste sich im Nebel auf, holte den Besen und reiste heim. Das Mädchen blieb verwirrt zurück, weil die verständnisvolle alte Dame so plötzlich verschwunden war.

In der Nacht saß die Hexe vor dem Herdfeuer und erfand und verwarf Schicksale. «Ich kann machen, daß er das Mädchen liebt; ich kann ihn häßlich machen; ich kann dem Mädchen einen andern verschaffen», sagte sie in die Flammen. «Aber das gefällt mir nicht. Dazu brauche ich nicht dreihundert Jahre lang im Beruf zu sein. Es muß etwas Besseres geben!» Sie stöhnte ein wenig, denn zuzeiten fand sie, daß gutes Hexen sehr schwer war. Endlich, als der Morgen graute, glaubte sie, das Richtige gefunden zu haben.

Wenn sie doch schöner wäre, dachte der junge Mann, als er das Mädchen wiedersah. Da verwandelte sie sich vor seinen Augen und wurde schön.

Er soll mich lieben! dachte das Mädchen und sah mit staunenden Augen, wie sich sein Blick änderte, ein wenig glasig wurde und sich merkwürdig starr auf sie richtete. Nein, dachte sie beunruhigt. So habe ich es nicht gemeint. Er soll wie vorher sein! Er wurde wie vorher.

Wenn ich reich wäre, dachte sie bald darauf. Sogleich wurde sie schön und reich, und der junge Mann mußte sie lieben, wann sie nur wollte.

Früher, als sie noch arm und unscheinbar war, hat sie mir besser gefallen, dachte er. Da verlor sie ihr Geld und wurde wieder unscheinbar. Nun gefiel sie ihm besser, aber er liebte sie eben nicht...

So ging es zwei Monate hin und her.

Die Hexe fand ihr Werk wohlgetan. An einem klirrenden Frosttag ritt sie auf ihrem Besen in die Stadt, nahm die Gestalt der alten Dame an und machte sich auf die Suche nach dem jungen Paar. Sie traf die beiden – nicht durch einen Zufall, sondern voll beabsichtigt – vor der Hexenhaus-Würstchenbude.

«Da sind Sie endlich!» rief das Mädchen. «Ich habe schon so oft an Sie gedacht. Sie haben gesagt, es würde alles gut. Aber nichts ist gut geworden. Ich wollte, ich hätte ihn nie gesehen! Ich bin unglücklich. Es ist wie verhext. Ich möchte irgendeinen lieben, nur nicht ihn! Der erste beste wäre mir recht, wenn ich dafür ihn loswürde.»

Die Hexe sah sich um, sah den Mann, der in der Bude die Würstchen briet, murmelte etwas vor sich hin und betrachtete dann den Freund des

Mädchens wohlgefällig. Lächelnd sagte sie: «Es wird bestimmt alles gut.»

Sie reiste in den Wald zurück, schob in ihrem Haus Holzscheite in den Ofen, streichelte den Kater und kraulte den Hahn. Sie war zufrieden und murmelte: «Ich freue mich auf den Sommer.»

«Ich muß verhext gewesen sein», erklärte der junge Mann später, wann immer er an die Zeit mit dem Mädchen dachte.

«Ich habe immer nur meinen Mann geliebt», sagte die rundliche Frau hinter der Theke der Würstchenbude. «Ich war nie so flatterhaft wie die jungen Dinger heutzutage, nicht wahr?» Und der häßliche dicke Mann nickte ihr wohlwollend zu.

Besuch am späten Abend

Die Frau saß dicht vor dem Kaminfeuer in einem Ledersessel. Sie stützte das Kinn in die Hand und streckte die Beine aus, um näher an die warme Glut zu kommen. Die langen glatten Haare fielen ihr ins Gesicht. Ihre ruhigen grauen Augen blickten auf die gegenüberliegende Wand.

«Warum spukst du nur im Winter?» fragte sie in die Stille. «Ich habe dich den ganzen Sommer über nicht gesehen. Deswegen habe ich auch nicht an die Geschichten geglaubt, die sie mir im Dorf über dich erzählt haben. Ich habe die Leute ausgelacht. Übrigens lache ich sie immer noch aus, obwohl ich dich seit dem letzten Septembertag kenne, obwohl du die beiden Waldarbeiter fast zu Tode erschreckt hast und obwohl die alte Frau deinetwegen nun nicht mehr zum Putzen kommt. Was hast du gegen die drei? Die beiden Männer kamen an den Abenden herein, um sich vor dem Heimweg am Feuer aufzuwärmen. Für mich war das eine Abwechslung. Wir haben einen Schnaps getrunken – zu deiner Zeit hieß das wohl Branntwein – und haben miteinander geredet. Die alte Frau kam jeden zweiten Tag. Sie hat geputzt und gekocht und mir geholfen, das Brennholz heraufzutragen. Sie ist eine nette alte Frau. Ich kann es ihr nicht verdenken, daß sie vor dir erschrocken ist. Ich bin auch sehr erschrocken, als ich dich zum erstenmal sah. Aber inzwischen habe ich mich an dich gewöhnt.»

Das Gespenst stand dort, wo es immer stand, an der Wand zur Rechten des Kamins. Die Frau ließ den Blick nicht von dem hellen, durchsichtigen Schemen. Um die Winkel ihres Mundes spielte ein kleines Lächeln.

«Ich habe es sogar gern, wenn du da bist. Ich hatte mir den Winter nicht so einsam vorgestellt. Im Sommer kamen fast jeden Tag Wanderer, die das Schloß besichtigen oder Kaffee trinken wollten. Jetzt ist es wie tot. Vor allem, seit du die Männer und die alte Frau verjagt hast. Wenn es dich nicht gäbe, müßte ich mich mit mir selbst oder mit dem Hund unterhalten. Wer so allein ist wie wir beide, muß darauf achten, nicht schrullig zu werden. Du wirkst allerdings schon schrullig, aber da du so alt und so viele Jahrhunderte allein bist, kann man dir das nicht übelnehmen. Ich bin erst fünfunddreißig und wohne nur seit dem Frühjahr hier, und das wäre wohl eine zu kurze Spanne Zeit, um jetzt schon mit dem Hund zu sprechen. Lieber spreche ich mit einem Gespenst.»

Das Gespenst hatte sich nicht gerührt; es lehn-

te immer noch in derselben Haltung an der Wand. Es stand der Frau genau gegenüber.

Sie sah wieder zu ihm hinüber und fuhr fort. «Wir müssen über den Hund sprechen. Du weißt genau, daß ich in diesem baufälligen alten Kasten nur einen Kamin habe, der zieht. Ich kann nur diesen Saal heizen, falls man das ‹heizen› nennen kann. Dir scheint die Kälte nichts anzuhaben, aber der arme Hund friert. Wenn du hier bist, traut er sich nicht in die Nähe des Feuers. Sieh ihn dir an! Dauert er dich nicht? Er steht mit gesträubtem Fell dort hinten, starrt dich an und fürchtet sich. Ich kann ihn rufen, sooft ich will; er kommt nicht. Was machst du, ziehst du einen Kreis um dich?»

Das Gespenst blieb blaß und durchsichtig. Sie konnte auch nicht erkennen, ob es sich bewegt hatte. Sie zuckte mit den Schultern und rieb sich gedankenverloren die Hände warm.

«Du müßtest den Kreis enger ziehen. Dann hätte er Platz vor dem Kamin. Erinnerst du dich nicht, daß Hunde es gern heiß haben? Haben deine Hunde nie vor dem Kaminfeuer liegen dürfen? – Wenn du übrigens den Kreis nicht enger ziehen kannst, gäbe es eine andere Lösung: Du müßtest dich an die andere Wand stellen, an die, die dem Kamin gegenüberliegt. Ich würde dich dort auch sehen, und du könntest mich von da aus genausogut verstehen wie hier. Bitte, kannst du mir den Gefallen tun?»

Das Gespenst wurde dünner und blasser und löste sich in einen Nebelschleier auf, der im flackernden Licht des Feuers verlorenging. Die Frau wandte sich erwartungsvoll ein wenig nach rechts und zog die Augen schmal zusammen, um besser in die Dämmerung des rückwärtigen Raums sehen zu können. Nach einer Weile seufzte sie leise auf und lockte den Hund heran. Er legte sich zitternd dicht vor ihren Füßen nieder.

«Oh, da bist du endlich! Ich habe kaum mehr zu hoffen gewagt, daß du noch kommen würdest. Wo warst du, als sie kamen? Ich habe Angst um dich gehabt! Ich wurde erst wach, als der Omnibus vor dem Haus vorfuhr. Natürlich konnten diese Leute nicht annehmen, daß ich um fünf Uhr nachmittags schlafen würde, aber sie hätten doch ein wenig warten können. Als ich in die Halle hinunterging, waren sie schon im Haus. Sie marschierten an mir vorbei, als sei ich unsichtbarer als du. ‹Was wünschen Sie hier?› fragte ich eine der gräßlichen Frauen. Sie gab mir keine Antwort, stieß mich mit ihrer großen Handtasche zur Seite und sang verzückt und gellend weiter. Die, die hinter ihr ging, schwenkte ihre Räucherkerze vor meinem Gesicht. Ich mußte husten und weinen. Dann lief ich hinter ihnen her in den großen Saal. Dort scharten sie sich im Kreis um ihren Anführer. Er murmelte Beschwörungen, die ich nicht verstehen konnte. Die Frauen antworteten ihm mit Gesang und erneutem Schwenken der Räucherkerzen. – An was man sich gewöhnen muß! Erst lerne ich den Umgang mit Gespenstern, kaum kann ich das, kommt eine ganze Sekte, die Gespenster und Geister austreiben will. Ach, wenn du sie nur gesehen hättest! Lauter häßliche Frauen mit Hüten und großen Taschen. Der Anführer war ein magerer rotäugiger Mann mit wirren Haaren. Erst auf der Treppe, als der ganze Schwarm nach oben zog, bin ich an den Frauen vorbeigekommen und bis zu dem Mann vorgedrungen. Ich stellte mich vor ihn auf den Treppenabsatz, breitete die Arme aus und versperrte ihm den Weg. Es muß sehr komisch ausgesehen haben, aber ich war zu wütend, um darauf Rücksicht zu nehmen.

‹Halt! Was wollen Sie hier? Und wer sind Sie?› schrie ich.

Er: ‹Ich bin Bruder Tobias und reise mit meinen Schwestern zu allen Orten, an denen Geister ihr unheiliges Wesen treiben. Wir befreien die armen Seelen von dem Fluch, der auf ihnen lastet, und bringen ihnen ewigen Frieden! Beten Sie mit uns, meine Tochter!›

Ich: ‹Ich bin nicht Ihre Tochter! Ich gehöre auch nicht zu Ihrer Sekte. Aber ich nehme an, daß es auch bei Ihnen üblich sein müßte, die Genehmigung des Schloßbesitzers einzuholen, ehe Sie in sein Haus eindringen!›

‹Gemach, liebe Tochter!› sagte er. Das hat er

wirklich gesagt, du mußt es mir glauben. Dann holte er seine Brieftasche heraus, suchte zwischen einem Wust von Papieren, bis er den Brief gefunden hatte. Der Brief war von deinem Verwandten, dem jungen Grafen! Er hat ihm erlaubt, mit seiner Gemeinde hierherzukommen. Was sagst du dazu? Ist es nicht eine Unverschämtheit, mir das nicht mitzuteilen? Ich habe diesen Kasten schließlich auf zwei Jahre gepachtet. Ich habe sogar die sommerliche Kaffeewirtschaft mit übernehmen müssen. Ich habe einen Vertrag und ich habe bezahlt. Wenn er uns eine ganze Sekte auf den Hals hetzt, muß er mir das mitteilen!

Was sollte ich machen? Ich habe diesem schmuddeligen Bruder Tobias und seinen unschönen Schwestern das Feld geräumt, habe überall die Türen und Fenster aufgerissen, um dir einen Fluchtweg zu schaffen. Wo warst du nur zu der Zeit? Wie bist du ihnen entkommen?»

Das Gespenst stand an der entfernten Wand, dem Kamin gegenüber. Es lehnte dort lässig an einem Mauervorsprung. Der Hund lag dicht vor dem Feuer und roch so schlecht, wie nasse Hunde riechen, die im Regen draußen waren und nun vor dem Kamin trocknen. Vor den staunenden Blicken der Frau schwebte das Gespenst durch den Raum, kam auf sie zu, berührte sie mit einem weichen kalten Hauch und flog über den laut aufwinselnden Hund hinweg, der mit gefletschten Zähnen und gesträubtem Nackenhaar zur Tür zurückwich. Es bewegte sich auf das Feuer zu und verschwand im Rauchfang. Die Flammen flackerten wild auf, dann rieselte ein wenig Ruß herunter, und das Gespenst kehrte zurück. Es schwebte in anmutigen Wellenlinien an seinen alten Platz, lehnte wieder an der Wand und schüttelte sich leicht.

Die Frau lachte: «Du kannst alles sehr schön erklären. – Ich habe mich übrigens noch nicht einmal bedankt, daß du dem Hund den Platz am Feuer überlassen hast. Bis heute war ich auch nicht ganz sicher, ob du mich richtig verstehen könntest.»

Plötzlich öffnete sich die Tür. Der Hund, der sich noch nicht von seinem Schrecken erholt hatte, sprang mit wütendem Gebell auf und kam zu ihr. Die Frau erhob sich halb aus dem Sessel und starrte ängstlich in die dunkle Ecke des Raums.

«Wer ist da?» fragte sie unsicher.

«Ihre Seele ist in Not, meine Tochter!» sagte eine dumpfe Stimme, und die seltsame Erscheinung des Bruders Tobias näherte sich gemessenen Schrittes dem Kamin.

«Bitte, bleib hier!» sagte die Frau beschwörend über die Schulter, dann beugte sie sich beruhigend über den Hund. Nun erst wandte sie sich dem späten Gast zu. «Kommen Sie immer unangemeldet und heimlich und erschrecken die armen Menschen, deren Seelen in Not sind?»

«Also habe ich es richtig empfunden!» sagte er, zog einen Stuhl heran und rückte in ihre Nähe. «Ich habe mich im Dorf nach Ihnen erkundigt, liebe Tochter, und erfahren, daß Sie meine Hilfe und meinen Beistand brauchen. Ich habe meine Schwestern allein zurückgeschickt und bin Ihretwegen, Ihrer verirrten Seele wegen, hier im Dorf geblieben.»

«Ach», sagte sie gedehnt und strich sich mit einer zögernden Bewegung das Haar aus der Stirn. Sie warf einen Blick in die Tiefe des Raums. Das Gespenst hatte sich kleingemacht. Es war nur noch ein blasser Fleck, der manchmal im Widerschein der züngelnden Flammen heller aufleuchtete.

«Sie sind schön und jung, meine Tochter! Sie haben Kummer erlitten und sich in die Einsamkeit verkrochen, um die Wunden Ihres Herzens heilen zu lassen. Aber Sie haben darüber vergessen, daß nur das tätige Leben zu heilen vermag, daß die Menschheit nach Ihnen schreit...» Er streckte seinen Arm nach ihr aus.

«Das muß ich wirklich vergessen haben», sagte sie und zuckte vor ihm zurück. «Welche Menschheit schreit denn nach mir?»

«Meine Schwestern und Brüder! Wir brauchen Sie! Ich brauche Sie! An meiner Seite harren Ihrer ungeahnte Aufgaben! Spüren Sie nicht den Ruf in sich?» Seine dunklen, brennenden Augen ließen nicht von ihr ab. Plötzlich glitt er vom Stuhl und warf sich vor ihr auf die Knie nieder. «Wir werden gemeinsam, Seite an Seite, in den Krieg gegen den Unglauben ziehen! Spüren Sie nicht, wie sich Ihre Seele zu mir hinwendet? Zu mir!»

«Lassen Sie das!» sagte sie schroff. «Hören Sie sofort auf!»

Aber er war nun nicht mehr zu halten. Er rutschte auf den Knien näher. «Wir werden Ungeahntes vollbringen! Wehren Sie sich nicht länger gegen Ihre Gefühle! Ich weiß, daß Sie mir verfallen sind! Folgen Sie Ihrer Seele!»

Sie sah sein Gesicht näher kommen und wehrte sich nicht länger. Sie folgte ihrer Seele. «Hilfe!» schrie sie entsetzt. «So hilf mir doch! Siehst du nicht, daß er wahnsinnig ist!»

Der Hund und das Gespenst stürzten gleichzeitig auf den Wundermann. Der Hund biß ihn in die Wade und floh dann vor dem Gespenst, das dem Tatendrang des unheiligen Bruders Tobias ein rasches und unrühmliches Ende bereitete. Er jagte in wilder Flucht aus dem Raum, stolperte, hastete und fiel die Treppe hinunter. Sie hörten, wie er die Haustür hinter sich zuwarf und aus dem Hof rannte.

«Ich danke dir von Herzen», sagte sie tief aufseufzend, aber das Gespenst war nicht mehr da.

«Das Leben mit dir ist nicht nur aufregend und abwechslungsreich», erklärte sie einige Tage später, «es ist auch bildend. Ich war heute in der Stadt im Archiv. Ich wollte die Geschichte deiner Familie kennenlernen. Ich wollte wissen, ob du erwähnt wirst und was über deine Untat bekannt ist. Ich bin gar nicht dazu gekommen, ein Buch anzufassen. Der Leiter des Archivs hat über eure Familienchronik eine Doktorarbeit geschrieben. Er hat mir Urkunden gezeigt und Pläne und Stammtafeln. Am liebsten hätte ich ihm erzählt, daß ich dich kenne, aber es kamen so merkwürdige Dinge ans Licht, daß ich froh war, mich beherrscht zu haben.

Du hast im ausgehenden 12. Jahrhundert gelebt. Wenigstens nimmt man das an. Du warst eine ungetreue Frau und hast mit Hilfe deines Liebhabers deinen Mann ermordet. Dein kleiner Sohn hat den Mord mit angesehen. Als er erwachsen war, hat er dich dann ins Verlies gesperrt. Du hast dort noch viele Jahre gelebt. Erst als die Burg abbrannte, bist du umgekommen. Ende des 17. Jahrhunderts, als einer deiner Nachkommen auf den Grundmauern der alten Ruine das heutige Schloß erbaute, bist du zum erstenmal als Gespenst erschienen. Seitdem hat fast jede neue Generation deiner Familie dich zu Gesicht bekommen. Bisher warst du sehr exklusiv, denn du bist nur Familienmitgliedern erschienen.

Mein neuer Freund, der Archivar, hat übrigens erzählt, er habe über dich mit dem jungen Grafen korrespondiert, aber der wisse nichts. Er habe seit seiner Kindheit nicht mehr im Schloß gewohnt und hielte alles für Aberglauben und Dienstbotengeschwätz. Daß in so alten Bauwerken oft merkwürdige Dinge vorgingen, sei sattsam bekannt. Oft läge es an unterirdischen Wasseradern, an Spannungen im alten Bauholz und Gesteinsverschiebungen. Vor drei Jahren habe er, um dem Gerede ein Ende zu machen, das parapsychologische Institut einer Universität gebeten, das Schloß zu untersuchen. Die Wissenschaftler hätten einige Tage hier kampiert und nichts Übernatürliches feststellen können. – Na, was sagst du dazu? – Nichts Übernatürliches! Aber wir kennen dich alle. Die Waldarbeiter, die alte Frau, der Hund und ich kennen dich recht gut, und sogar der heißblütige Bruder Tobias kennt dich, wenn er es auch nicht gern zugeben wird. Wenn du doch nur sprechen könntest! Ich möchte so gern wissen, was du willst. Warum erscheinst du auf einmal mir und den anderen Leuten, wo du dich bisher auf die Familie beschränkt hast? Liegt es daran, daß es nur noch den jungen Grafen gibt und der nie hierherkommt? Bist du einsam?»

Das Gespenst geriet in Bewegung. Es nahm festere Konturen an, schien einen Arm zu formen, hielt ihn angewinkelt vor sich und bewegte ihn langsam hin und her. Es fuhr lange mit dieser Bewegung fort.

Die Frau sah ihm zu und schüttelte endlich ratlos den Kopf.

«Ich kann es nicht erkennen. Du tust etwas mit dem rechten Arm? Mit deiner Hand?»

Es sah aus, als nickte das Gespenst zufrieden.

«Oh, ich weiß. Du schreibst! Ist es das? Willst du schreiben?»

Das Gespenst hielt inne.

«Also willst du nicht schreiben? Oder du kannst es nicht! Soll ich schreiben?»

Das Gespenst gab aufgeregt Zeichen der Zustimmung.

«In welche Lage du mich bringst! Ich kenne deinen jungen Grafen doch gar nicht. Voriges Jahr, nach dem Tod meines Mannes, als ich mich entschloß, hierher zu ziehen, habe ich den Vertrag mit seinem Rentamt abgeschlossen. Ihn selber habe ich nie gesehen. Und nun habe ich ihm geschrieben, daß ich mit seinem Familiengespenst eng befreundet bin und daß du mich gebeten hast, ihn um seinen Besuch zu bitten! Er wird mich für wahnsinnig halten. Statt zu kommen, wird er einen Nervenarzt schicken. Vielleicht kündigt er mir auch wegen Unzurechnungsfähigkeit den Pachtvertrag.»

Sie legte zwei schwere Buchenkloben auf das Feuer. Es stürmte draußen. Der Wind heulte ums Haus und häufte Schnee auf die Fenstersimse. Die Lampe brannte nur trüb.

«Vielen Dank, daß du die Waldarbeiter nun in Frieden läßt!» sagte sie und zog fröstelnd den

Kragen ihres dicken Pullovers höher. «Manchmal hatte ich doch Sehnsucht nach Menschen. Und, um ehrlich zu sein, ich kann bei Glatteis nicht fahren. Ich traue mich einfach nicht. Die Männer bringen mir alles aus dem Dorf mit. Auch die Post.»

«Dein Graf hat geantwortet», sagte sie eines Abends. «Seit heute morgen suche ich schon nach dir, habe dich aber nirgends finden können. Wo steckst du nur am Tage?»
Das Gespenst schwebte durch den großen Raum und kam auf sie zu. Der Hund floh entsetzt, und auch die Frau hob abwehrend die Hand. «Bitte nicht! Komm nicht allzu dicht an mich heran. Ich lese dir den Brief vor. Nein! Bitte, geh ein kleines Stück zurück! Danke.
Er schreibt:

‹Sehr verehrte gnädige Frau!
Mit Erstaunen, Rührung und einigem Unglauben habe ich Ihren Brief gelesen. Glauben Sie nicht, daß Ihnen die große Einsamkeit merkwürdige Dinge vorspiegeln könnte?
Ich wenigstens habe das vermutet und Ihren Brief einem befreundeten Graphologen gezeigt. Für diese Handlung bitte ich Sie ergebenst um Verzeihung, aber bei der Absonderlichkeit Ihres Wunsches schien mir dieser Schritt angebracht.

Der Graphologe hält Sie für einen der Wirklichkeit zugeneigten Menschen mit Sinn für Ordnung. Er sagte ferner, Sie neigten nicht zur Übertreibung und seien nicht allzu phantasievoll. Diese Beurteilung entnahm er Ihrer Handschrift. Was er über den Inhalt des Briefes sagte, möchte ich lieber nicht zitieren.
Da sich Ihr Bericht jedoch mit den Erzählungen meines Vaters, an die ich mich aus meiner Kindheit noch erinnere, so genau deckt, ist meine Neugier aufgestachelt. Ich werde noch im Dezember kommen.
Sobald der Termin für meine Reise feststeht, werde ich mir erlauben, Ihnen meine Ankunft bekanntzugeben. Ich werde im Dorf wohnen.
Mit ergebenen Grüßen›

Die Unterschrift ist reichlich unleserlich. Er sollte auch mal zum Graphologen. Aber das ist egal. Es ist glimpflicher abgegangen, als man annehmen konnte. – Freust du dich? Bist du zufrieden?»

Das Gespenst schwebte anmutig und heiter durch den hinteren Teil des Raums.

«Was seid ihr nur für eine Familie!» sagte sie eine Woche darauf voller Zorn. «Ausgerechnet Weihnachten will dein Graf kommen! Am 24. morgens will er mir seine ‹Aufwartung› machen! Wenn er dich dann nicht antrifft, kommt er in den nächsten beiden Tagen noch mal. Er schreibt, daß er dir damit wohl genügend Chancen eingeräumt habe, dich ihm zu zeigen.

Ich habe ihm postwendend geantwortet, daß mir das nicht gut paßt, weil ich Weihnachten Besuch erwarte, und daß du mir bisher nur am späten Abend begegnet seist, obschon andere Leute dich auch tagsüber gesehen hätten. Ich wisse auch nicht, was Gespenster an Weihnachten machten, und daß es mir lieber wäre, er käme früher oder erst im Januar.

Wenn er gleich geantwortet hätte, müßte ich den Brief schon haben. Jetzt sitze ich dumm da. Wir haben in einer Woche Weihnachten. Heute bin ich trotz Glatteis ins Dorf gefahren und habe nach Post gefragt. Es war eine Angstpartie, kann ich dir sagen! Die Straße hat zu viele Kurven und zu viele Bäume am Rand, und mein Auto hat schlechte Reifen. Ich habe mir Winterreifen bestellt. Der Mann aus der Werkstatt hat einen eigenartigen Humor. Er sagt, bis zum Frühjahr hätte er sie bestimmt. – Was hast du? Du machst heute einen besonders traurigen Eindruck. Hast du Angst, daß er nicht kommt?»

Das Gespenst lehnte blaß und schlaff an seiner Wand.

«Nimm es dir nicht so zu Herzen», sagte sie beruhigend. «Er hat geschrieben, daß er kommt. Und dann wird er auch kommen.»

Danach beschäftigte sie sich mit dem Feuer. Erst als die Flammen wieder hell loderten, wandte sie den Blick. Aber das Gespenst war verschwunden. Sie seufzte leise und horchte auf den Sturm, der das alte Holz der Fenster ächzen machte, durch die Tür drang und über die Flure fegte. Sie griff nach ihrem Buch, vertiefte sich darin und wendete langsam die Seiten.

Das leise Grollen des Hundes löste sie aus der Versunkenheit. Sie hob den Kopf und hörte nun auch, daß gegen das Tor gepocht wurde und jemand rief.

«Geh fort!» sagte sie nach einer Stunde verzweifelt zum Gespenst. «Das ist mehr, als ich ertragen kann. Es ist schön und gut, wenn du an deinem Platz stehst und wir uns unterhalten, aber wenn du mir buchstäblich auf dem Schoß sitzt, bekomme ich das Gruseln. Ich kann nicht mit einer Gänsehaut auf einen bewußtlosen, schwerverletzten Menschen aufpassen, wenn du mich nicht in Ruhe läßt!»

Das Gespenst waberte und schwebte wie von Sinnen um sie herum. Es drängte sich zwischen sie und das Bett, das der Förster mit ihr aus ihrem Schlafzimmer herübergeschleppt hatte und auf dem nun der Mann lag, der vom Förster unter dem umgestürzten Wagen gefunden worden war. «Ich habe Angst, daß er erfriert, ehe der Krankenwagen da ist», hatte der Förster gesagt. «Wir müssen ihn zu Ihnen ins Schloß bringen.» Sie hatte es ihm ausreden wollen, weil sie glaubte, daß es dem Verletzten mehr schaden als nützen würde, weil sie nicht wüßten, wie schwer er verletzt war, und weil es im Schloß zu kalt und überhaupt unmöglich sei, einen Kranken zu pflegen. Aber der Förster zeigte nur schweigend auf den wachsbleichen, ohnmächtigen Mann.

Jetzt leckten die Flammen an den Holzkloben und sprühten knisternd Funken. Die Frau rieb die Hände des Mannes, der sich noch immer nicht geregt hatte. Sie blickte wieder und wieder angstvoll auf die Uhr und wehrte sich gegen das aufgeregte Gespenst.

«Scher dich weg! Wenn er plötzlich die Augen aufmacht und dich sieht, bekommt er einen Herzschlag! So geh doch endlich!»

Das Gespenst wich nicht. Auch als sie nach ihm schlug, ließ es nicht ab.

Sie sank in ihren Sessel und sah das wabernde Wesen in hilfloser Wut an. «Ich verstehe dich nicht. Bist du mannstoll? Wenn er noch jung und schön wäre!» Erst jetzt, als sie untätig und voller Angst im Sessel saß, sah sie das Gespenst genauer an. «Was ist mit dir?» fragte sie plötzlich mit ihrer leisen, gewohnten Stimme. «Warum regst du dich so auf? Hast du Angst um ihn? Bist du etwa an dem Unfall schuld?»

Das Gespenst schien zu nicken.

Die Frau stand auf und beugte sich wieder über den Bewußtlosen. «Bitte, tritt einen Schritt zurück und lasse mich gewähren. Ich gebe mir alle

Mühe mit ihm, das siehst du doch. Ich kann ihm auch besser helfen, wenn du nicht so dicht herankommst. Wir müssen auf den Arzt warten. Der Förster muß jeden Moment mit ihm hiersein.»

Sie rieb nun die kalten, erstarrten Füße und hörte erst damit auf, als die beiden Männer hereinkamen. Der alte Arzt beugte sich sofort über den Mann und nickte ihr nur zu. Er untersuchte ihn schweigend, gab ihm eine Spritze und horchte dann wieder auf seine Herztöne. Endlich trat er zurück und fragte: «Wußten Sie, daß er heute kommen würde?»

«Wer? Nein. Wer ist er?»

«Ich dachte, Sie kennen den Grafen.»

«Welchen Grafen?» Sie verstand ihn immer noch nicht. «Ist das...», sagte sie, «... das soll der junge Graf sein?»

«Natürlich! Wer denn sonst? Ach, weil er bald fünfzig ist? Wenn er nicht heiratet und einen Sohn hat, heißt er noch mit siebzig so! – Merkwürdig, ich kann nicht begreifen, wie ein Mann, der Autorennen gefahren hat, auf einer einsamen Landstraße, direkt vor seinem eigenen Schloß so blödsinnig verunglücken kann! An der Stelle muß er längst gebremst haben. Er war doch schon auf der Einfahrt!»

Die Frau holte tief Luft. Sie sah zur Wand hinüber, an der das Gespenst so blaß und durchsichtig kauerte, daß nur sie es erkennen konnte. Es schien sich vor ihrem Blick verkriechen zu wollen. «Vielleicht ist er erschrocken», sagte sie vor sich hin. Als sie die Augen der beiden Männer auf sich gerichtet sah, lenkte sie schnell ab. «Was ist mit ihm, Herr Doktor? Wenn er nicht verletzt ist, kann er doch nicht so lange bewußtlos sein. Kann man denn eine Gehirnerschütterung haben, ohne daß man eine einzige Schramme oder Beule findet?»

Nach einer halben Stunde begann der Mann sich zu regen, streckte sich lang aus, seufzte tief und öffnete die Augen. Er sah in ein loderndes Kaminfeuer. Vor dem Kamin schlief ein zottiger großer Hund. Der Mann hob den Blick und sah in das besorgte Gesicht des Arztes.

«Doktor Stenglein!» sagte er staunend. «Habe ich Masern?»

Der Arzt lachte grimmig auf. «Mein lieber Kuno! Dafür bist du zu alt, wirklich. Du großes internationales Rennfahrer-As bist mit deinem Auto auf der eigenen Auffahrt Karussell gefahren und umgekippt!»

Der Graf fuhr auf. Er sah mit weit aufgerissenen Augen wild um sich und schrie: «Wo ist sie?»

Der Förster und der Arzt blickten sich überrascht an. Die Frau nagte an der Unterlippe, dann wandte sie sich plötzlich ab, damit die Männer nicht sehen sollten, daß sie lachte.

«Er muß einen Schock gehabt haben», hatte der Arzt beim Verabschieden gesagt. «Ich lasse Ihnen ein Schlafmittel für ihn da. Morgen komme ich wieder, aber er wird wohl auf dem Damm sein. Es ist wie ein Wunder! So ein Unfall! Und nichts ist ihm passiert!»

Sie saß nun wieder in ihrem Sessel am Feuer. Der Graf lag immer noch auf dem Bett. Er hatte sich auf einen Arm gestützt und betrachtete sie verstohlen. «Ich muß mich entschuldigen», erklärte er dann. «Ich habe geglaubt, Sie seien eine alte Frau...»

«Weil Sie wußten, daß ich nach dem Tod meines Mannes hierhergezogen bin?»

«Ja. Und weil ich mir nicht denken konnte, daß eine junge Frau sich in dieser Einsamkeit vergräbt.»

Sie lachte fröhlich. «So einsam war es gar nicht! Ich hatte beinahe jeden Abend Besuch.» Sie warf einen Blick in die Tiefe des Raums. «Nun komm schon!» sagte sie zu dem Gespenst. «Jetzt ist er doch hier. Dafür hast du trefflich gesorgt! Und wie denkst du dir das mit dem kaputten Auto?»

Das Gespenst kam näher. Der Graf sah ihm mit kreideweißem, schreckerstarrten Gesicht entgegen. «Hilfe!» schrie er gurgelnd. «Hilfe!»

Da richtete das Gespenst sich zu seiner vollen Größe auf. Es nahm die Gestalt einer hochgewachsenen, würdigen Dame an, schritt gemessen am Grafen vorbei, verscheuchte zum letztenmal den Hund von seinem Platz und löste sich über dem Kaminfeuer in bläulichen Rauch auf.

«Ich kann in diesem Haus nicht bleiben», flüsterte der Graf. «Nie wieder habe ich hier eine ruhige Minute!»

«Jetzt können Sie bleiben», sagte die Frau traurig. «Wenn mich nicht alles täuscht, war dies ein Abschied. Es wird zu viele ruhige Minuten geben.»

«Sie haben sich nicht vor ihr gefürchtet?» fragte er fassungslos.

Sie schüttelte den Kopf. «Nicht sehr. Nur ein wenig. Aber ich bin ja nicht mit ihr verwandt.»

«Sie saß plötzlich vor der Windschutzscheibe und griff nach mir! Ich muß vor Schreck ohnmächtig geworden sein», sagte er.

«Sie wollte, daß Sie hierherkamen. Ich möchte wissen, warum ihr das so wichtig war!» Sie sah ihn mit gerunzelter Stirn an.

Der Mann ließ sich zurücksinken. «Oh, das weiß ich», sagte er und lächelte. «Sie ist allen Männern meiner Familie vor bestimmten wichtigen Entscheidungen erschienen. Nur hat sie bisher nie so aktiv eingegriffen. Können Sie sich denken, wann uns die Ahnfrau erscheint?»

Sie senkte langsam den Blick und wandte sich ab.

«Du bist ein Biest!» sagte sie unhörbar in die Richtung des Kamins.

Von oben rieselte ein wenig Ruß herab und ließ Funken sprühen.

Trau keiner Fee!

«Wo käme ich da hin, wenn ich immer Mitleid haben wollte!» sagte der Apotheker. «Zu mir kommen ständig Menschen, die Schmerzen haben oder krank sind. Soll ich vielleicht jedesmal vor Mitleid in Tränen ausbrechen!»

Die kleine alte Dame, die erst kürzlich ins Dorf gezogen war, sah zu ihm auf, schüttelte den Kopf und wehrte ab. «Das meine ich nicht. Aber wenn Sie freundlich sind und den Leuten gut zureden, helfen die Mittel besser.»

Der Mann hob die Hände und ließ sie fallen. «Die Medikamente helfen oder sie helfen nicht. Da ändert mein Gesicht gar nichts dran.»

Eine Woche darauf begegnete der junge Tierarzt der alten Dame auf der Dorfstraße.

«Daß Sie kranke Hunde, Katzen, Pferde und Kühe streicheln, soll mir egal sein», sagte er ärgerlich. «Aber hüten Sie sich, an den Viechern herumzudoktern! Das macht hier nur einer, nämlich ich. Und ich werde verdammt unhöflich werden, wenn Sie mir ins Handwerk pfuschen!»

Die alte Dame neigte den Kopf. «Sie sind bereits unhöflich», stellte sie mit einem flüchtigen Lächeln fest. «Sie brauchen es nicht erst zu werden. Leider sind Sie aber auch noch blind.»

«Wieso blind?» fragte der Tierarzt verdutzt und vergaß einen Augenblick seinen Ärger.

«Wenn Sie nicht ebenso blind wären wie alle anderen Menschen, hätten Sie längst erkennen müssen, daß die Kuh vom Bauern Schulte frühzeitig kalben wird und daß sie Zwillingskälber bekommt.» Sie lächelte ihn nachsichtig an und fügte hinzu: «Merken Sie nun, daß es nicht um Herumdoktern geht, sondern um Wissen?»

Der weißhaarige alte Landarzt schob die Brille auf die Stirn, betrachtete die kleine alte Dame, die allein im Wartezimmer saß, und sagte:

«Ich war schon neugierig auf Sie. Der Apotheker sagt, seit Sie zu ihm gekommen seien, müsse er, ob er wolle oder nicht, bei jedem Kunden gute Gesundung wünschen, fromme Sprüche machen und vor Freundlichkeit triefen. Es sei wie verhext. Und der Tierarzt behauptet, Sie hätten ihn auf die Knochen blamiert. Sie, eine alte Dame aus der Stadt, sagen ihm, wann eine Kuh kalbt und wie viele Kälber sie bekommt. – So, und nun bin ich dran. Was haben Sie mit mir vor?»

Sie lachte freundlich. «Nichts. Ich wollte Sie nur kennenlernen.»

«Sie werden es mir sicher nicht übelnehmen,

wenn ich das nicht glaube. Ich glaube übrigens auch nicht, daß Sie krank sind und meinen Rat brauchen.»

Die alte Dame machte ein erstauntes, fast verwundertes Gesicht und schüttelte schweigend den Kopf.

Der Arzt nickte bestätigend und grinste. «Wenn ich meinen Freunden, dem Apotheker und dem Tierarzt, sagte, was ich glaube, würden sie mich in eine Anstalt schicken. Trotzdem haben beide Männer Angst vor Ihnen. Ich habe keine Angst vor Ihnen. Werde ich dafür bestraft?»

«Oh, Sie werden belohnt werden. Sie sind der dritte, wie die Prinzen im Märchen. Für Sie ist alles leicht. Ich will Ihnen zeigen, wie leicht es ist. Heute nachmittag um drei Uhr wird man Ihnen den großen mageren Waldarbeiter ins Haus tragen. Er wird sich den Fuß mit der Axt halb abgetrennt haben. Da Sie es wissen, werden Sie vorbereitet sein und den Mann retten können.»

Der Arzt musterte sie lange und sagte dann ganz ruhig: «Darüber muß ich nachdenken. Ich möchte allein bleiben. – Werden Sie denn um drei Uhr kommen?»

Gleich nach Mittag stapfte der Arzt eilig durch den Wald. Er folgte dem Klang der Axtschläge. Dann schloß sich seine Hand um den Arm des großen hageren Mannes. «Komm sofort mit, Andreas!» befahl er barsch.

Als die alte Dame das Haus betrat, stand der Waldarbeiter Andreas im Garten des Doktors und sägte Holz.

«Es ist wirklich nicht schwer gewesen», sagte der Arzt freundlich und zog sie ans Fenster zum Garten. «Es war so einfach, daß ich eine kleine Verbesserung planen konnte. Ich habe den Mann aus dem Wald geholt und ihm eine Säge gegeben. Nun hackt er sich nicht ins Bein, und ich brauche ihn nicht zusammenzuflicken. Ihm erspart es Leiden. Mir erspart es Ihre Gaben.»

«Verzichten Sie auf Ruhm und Reichtum?»

«Dazu bin ich zu alt geworden, wenn es das war, was Sie mir zugedacht hatten.»

«Und ich?» fragte die alte Dame. «Warum sollte ich zufrieden sein?» Sie sah plötzlich uralt aus. «Sie sind der einzige Mensch, der mich erkannt hat, aber Sie wollen sich nicht beschenken lassen.»

«Haben Sie mir nicht eher eine Falle gestellt?»

«Keine Falle. Es war eine Prüfung.» Die alte Dame schritt auf die Tür zu. «Sie haben sie bestanden. Wünschen Sie sich etwas!»

«Bitte», sagte er traurig, «bitte, reisen Sie wieder fort!»

Neues von der Hexe

Endlich war es Frühling. Die Hexe holte den Besen aus dem Schuppen und machte ihren ersten Ausritt. Die Menschen, froh über den Sonnenschein, arbeiteten auf den Feldern und in den Gärten, gingen am Fluß spazieren und hielten in den Parks der Städte Ausschau nach den ersten Blumen. Die Hexe rümpfte die Nase über Primeln und Krokus, fand die Knospen an den Obstbäumen häßlich und hielt wenig vom Geschmack der Menschen. Sie war nicht mehr jung und schätzte die wärmere Jahreszeit, denn der Winter setzte ihr zu. Aber mußte es gleich Sonnenschein sein? Ihr gefiel es besser, wenn es aus Eimern schüttete. Aber an diesem Tag war die Luft weich und warm, die Sonne strahlte vom Himmel und kein Lüftchen rührte sich. Die Hexe ritt auf ihrem Besen unsichtbar über die fleißigen Menschen.

Wenn der Schatten der Hexe sie traf, blickten sie zum Himmel auf, dehnten unbehaglich die steifen Glieder und sagten: «Ach, man spürt den Winter noch in den Knochen», oder: «So ganz

kann man dem Wetter noch nicht trauen; es fliegt einem so leicht was an.»

Die Hexe kicherte. Als sie nach Hause kam, ruhte ihr Blick voller Wohlgefallen auf dem kleinen Garten hinter ihrem Haus. Die Arbeit vom Herbst hatte sich gelohnt; es schoß alles so schön ins Kraut. Brennesseln, Quecken, Wolfsmilch, Schierling, Knabenkraut und Fingerhut. Es ging eben nichts über einen ordentlichen Garten.

Sie war so gut gelaunt, daß sie nach dem Abendbrot den Kater streichelte und dem Hahn den Hals kraulte. Soviel Zärtlichkeit waren die Tiere nicht gewöhnt. Sie nahmen fauchend und krähend Reißaus. Darüber lachte die Hexe herzlich.

Am folgenden Tag faßte sie den Entschluß, ihren Nachbarn in dem großen alten Haus am Waldrand einen Besuch zu machen. Da die Menschen sie für eine Kräuterfrau hielten, nahm sie als Gastgeschenk ein paar Würzkräuter mit, die sie im Herbst getrocknet hatte. Auch der Vorrat an Melissentee war noch groß genug, um etwas abgeben zu können. Sich zur Freude knüpfte sie Queckensamen in ein Tuch. Sie streute ihn jedes Jahr auf den Rasen. Die Menschen klagten laut darüber und gaben dem nahen Wald die Schuld, aber die Hexe empfand die dicken grünen Büschel, die das Einerlei des Rasens unterbrachen, als Labsal für ihre alten Augen. Wenn sie von

Ausflügen auf ihrem Besen heimritt und den Queckenrasen sah, war das wie ein erster Willkommensgruß.

Der alte Mann aus dem Haus begrüßte sie freundlich, die alte Frau zurückhaltend. Sie hatten gerade Besuch von ihren beiden erwachsenen Söhnen, die in der Stadt lebten. Die Mutter ging mit ihnen in die Küche, um gleich den Melissentee aufzugießen. Die Hexe saß mit dem alten Mann im Wohnzimmer am Fenstertisch, blickte auf den Rasen hinaus und weidete ihre Augen an den schönen hellgrünen Queckenstauden. Der Mann war etwas taub. Er erzählte ihr von den Unbilden des letzten Winters, während sie mit gespitzten Ohren dem Gespräch in der Küche folgte.

«Seit wann geht ihr mit Hexen um?» fragte der eine Sohn.

«Pst! Nicht so laut. Ich finde ja auch, daß sie wie eine Bilderbuchhexe aussieht, aber sie ist eine harmlose alte Frau. Sie bringt uns oft Kräuter und Gesundheitstee, und sie ist unsere nächste Nachbarin.»

«Wenn sie meine Nachbarin wäre, würde ich einen großen Bogen um sie machen», sagte der andere Sohn.

Die Hexe lächelte vor sich hin. Sie überlegte, ob sich gute Nachbarschaft auch auf besuchende Söhne auszudehnen habe. Es gehörte zu ihren Grundsätzen, das alte Ehepaar vor ihrer Kunst zu verschonen. Manchmal juckte es sie in den Fingern, ihnen nur eine kleine Kostprobe zu geben, aber dann beherrschte sie sich wieder, denn auf Nachbarn war man angewiesen. Als Mutter und Söhne mit dem duftenden Tee und Kuchen kamen, lächelte sie liebenswürdig. Der Mutter und dem zweiten Sohn lief ein Schauder über den Rücken – das Lächeln der Hexe wirkte auf manche Menschen so.

«Haben Sie nicht Lust, auch einmal zu mir zu Besuch zu kommen?» fragte sie. «Ich war nun schon so oft bei Ihnen...»

«Aber gern», sagte der Vater unbesonnen. «Bei dem schönen Wetter könnten wir das mit einem Waldspaziergang verbinden. Dürfen wir uns gleich zu viert einladen und unsere Söhne mitbringen?»

«Ich freue mich», sagte die Hexe. Sie freute sich wirklich.

Der folgende Nachmittag wurde vorgesehen, und als das alte Ehepaar und die Söhne kamen, blieben sie staunend vor dem Gartenpförtchen stehen. Zum Haus der Hexe von Hänsel und Gretel fehlten allein die Lebkuchen. Auf der Holzbank neben der Tür rekelte sich der Kater in der Sonne, und der Hahn, dessen Federn in aller Pracht leuchteten, ging im Garten spazieren und pickte zwischen den jungen Giftpflanzen.

Die Hexe trat aus dem Haus, die Gäste zu

begrüßen. Sie hatte sich hübsch gemacht, trug ein Taftkleid, das raschelte und knisterte, und hatte ein Häubchen aufgesetzt, unter dem wirre Haare, eine gekrümmte Nase und ein spitzes Kinn hervorlugten.

Ihr Häuschen hatte nur eine einzige Stube, in der am Fenster ein Tisch stand. Die Hexe brachte einen eigenartig duftenden Tee und steinharte Ingwerplätzchen, die man lange in den Tee tunken mußte, bis sie beißbar wurden. Schon jetzt hatte sich die Familie gespalten. Die Mutter und der Sohn, der der alten Frau auch nicht über den Weg traute, saßen fast ängstlich auf der Stuhlkante, nippten nur an ihrer Tasse und rührten die Plätzchen nicht an. Der Vater und der andere Sohn langten herzhaft zu, plauderten, von keinem Zweifel angefochten, mit der Frau Nachbarin und fühlten sich wohl.

Es mußte wohl am Tee liegen, denn hinterher konnte sich die Familie nicht darüber einigen, was während des Besuchs geschehen war. Mutter und Sohn mit nur einer halben Tasse Tee hatten anderes erlebt als Vater und Sohn, die mehrere Tassen getrunken hatten.

Der Kater kam herein, strich um die Beine der Hexe und sagte: «Du mußt sie fortschicken. Gleich kommt der Hexenmeister. Du weißt, daß er Menschen nicht ausstehen kann.»

Der Hahn flog durchs Fenster, ohne daß eine Scheibe zersprang. «Sie essen Hühner!» kreischte er und spreizte die Federn. «Mach den Männern Warzen auf die Nase und der Alten ein lahmes Kreuz.»

«Sie sind Nachbarn», beschwichtigte die Hexe. «Ich habe sie eingeladen. Sie werden den Hexenmeister nicht sehen. Dafür sorge ich. Und er wird ihnen nichts tun, weil er mir noch etwas schuldig ist.»

«Sie sollen Bauchgrimmen bekommen, wenn sie ein Huhn essen! Oder kannst du nicht mal das?» krähte der Hahn wütend.

Die Hexe seufzte. «Gut. Damit du deinen Willen hast. Sie werden ja nicht wissen, daß ich es war.» Sie murmelte ein paar Worte.

Draußen polterte etwas gegen die Tür, die plötzlich aufsprang. Ein großer brauner Ziegenbock trampelte in die Stube. Er hatte leuchtende Bernsteinaugen und stank entsetzlich.

«Bist du von allen bösen Geistern verlassen? Menschen! Schaff sie fort, oder ich...»

«Oder gar nichts!» zischte die Hexe giftig. «Mußt du ausgerechnet kommen, wenn ich meine Nachbarn einlade? Kannst du dich nicht anmelden? Und wie war das denn in der vorigen Walpurgisnacht? Ich erinnere mich an diese kleine junge Hexe... Soll sich das wiederholen? Wer wird denn dieses Jahr deiner Frau eine ganze Stunde lang Zoten erzählen, damit sie abgelenkt wird? Ich nicht.»

«Schon gut», wehrte der Ziegenbock ab. «Reden wir nicht mehr davon. Du bist doch meine Freundin.»

«Nicht, wenn du die da nicht in Ruhe läßt. Ich habe schon dafür gesorgt, daß sie alles vergessen haben, sobald sie das Haus verlassen.»

Die gelben Augen ruhten auf der alten Frau und dem Sohn mit Gespür für Hexen. «Die beiden auch?»

«Die auch.» Als die Hexe bestätigend nickte, verwandelte sich der Bock in einen großen Mann. Nur die gelben Augen blieben. Er streckte die Arme weit aus. «Aaaah! Jetzt ist mir wohler. Ich gehe ungern auf vier Füßen.»

«Beinen!» verbesserte der Kater vorlaut und bekam einen Tritt. Der Hexenmeister setzte sich, für die Gäste unsichtbar, mit an den Tisch.

Auf dem Heimweg waren die vier Menschen so benommen, daß sie zweimal den Weg verfehlten. «Sie hat so hübsche Geschichten erzählt», sagte der Vater, «aber es ist seltsam: Ich weiß, daß ich herzlich über sie gelacht habe, aber sie fallen mir einfach nicht mehr ein.»

«Das war ein köstlicher Tee. Könnt ihr eure Nachbarin nicht bitten, euch mehr davon zu geben?» fragte der hexenunkundige Sohn und blickte träumerisch.

Die Mutter und der andere Sohn sagten nicht viel. Als der Vater die Geschichten erwähnte, wurde der Sohn blaß, und als der Tee so gelobt wurde, meinte die Mutter seinen Duft zu riechen und fühlte sich elend.

Der Sohn, der keinen Tee mochte, suchte in der Stadt für sein Geschäft einen Angestellten. Eine Woche nach seinem Besuch bei der Hexe stellte sich ein junger Mann vor. Er hatte die richtige Ausbildung und gute Zeugnisse; er war freundlich und sah gut aus. Er begriff nie, warum der Chef schon nach dem ersten Blick bedauernd sagte, die Stelle sei leider soeben vergeben worden. «Schade, daß er den nicht genommen hat», sagte danach die Vorzimmerdame zu ihrer Kollegin. «Er sah nett aus und hatte so wunderschöne Augen. Wie Bernstein!»

«Ich dachte schon, Sie wären krank», sagte der Mann von der Hühnerfarm, als er der alten Frau im Dorf begegnete. «Sie waren sicher seit vier Wochen nicht mehr bei mir.» Die alte Frau fand, daß er ganz unerträglich nach Hühnern roch. «Mein Mann», murmelte sie ausweichend, «hat eine Allergie. Der Arzt hat ihm geraten, kein Geflügel mehr zu essen.» Allein beim Gedanken an Hühnersuppe wurde ihr schlecht.

Auf dem Heimweg grasten ein paar Ziegen an der Wegböschung. Die alte Frau erschrak bis ins Mark. Sie raffte den weiten Rock und begann zu laufen. Die Ziegen schauten ihr aus gelben Augen verwundert nach. Die Frau blieb erst hinter dem Gartentor stehen und schnappte nach Luft. Sie wußte einfach nicht, was in sie gefahren war. Noch nie hatte sie sich vor Ziegen gefürchtet.

Die Hexe ritt gerade nach Hause. Sie hatte alles gesehen, war zufrieden und freute sich.

Monologe mit Mars

Es war ein schöner, altmodischer Park mit Blumenrabatten, Buchsbaumhecken, Wiesen, Marmorstatuen und Baumgruppen. Zum kleinen Schloß führte eine gerundete Auffahrt, in deren Halbkreis ein Seerosenteich vor sich hin schlief. Schlößchen und Park waren zusammen alt geworden; man sah es ihnen an. Die Ockerfarbe der Mauern, in der Sonne verblichen und vom Regen gestriemt, begann abzublättern. Viele der Pfosten, die das schmiedeeiserne Parkgitter hielten, hatten ihre Krönung aus einer steinernen Ananas verloren, und die Ranken des Gitters rosteten.

Der alte Herr, dem dies alles gehörte, stand mit seinem ebenso alten Gärtner auf dem Weg und starrte den marmornen Kriegsgott Mars an, der eine Sichel schwang, um einem pummeligen Knaben Böses anzutun.

«Der wird auch nicht jünger», stellte der Schloßbesitzer fest, der neben dem Gärtner in seiner sauberen grünen Schürze mehr wie ein Tagelöhner aussah. Er trug ein zerfranstes Baumwollhemd und ausgebeulte blaue Drillichhosen.

In der Armbeuge des Gottes und in den Falten seines griechischen Gewandes hatte sich Moos angesetzt; seine durch ein Stirnband gehaltenen Locken waren von vielen Vögeln verunziert, und die Inschrift auf seinem Sockel ließ sich schon lange nicht mehr entziffern.

«Warum soll es ihm besser gehen als uns?»

Herr und Gärtner waren zusammen aufgewachsen, kannten jeder die Geheimnisse des anderen, hatten Menschen kommen und gehen sehen und waren nun allein geblieben.

«Sie sind wieder hinter mir her, Heinrich. Ich soll Haus und Garten zur Besichtigung freigeben. Sie reden von Denkmalpflege und Zuschüssen.»

«Willst du das?»

«Natürlich nicht. Aber mein Geld reicht nicht mehr lange. Ach, ich versuche doch nur, den Besitz bis zu meinem Tod zu retten, damit mein Enkel William ihn erben kann, den ich zuletzt gesehen habe, als er ein unerzogener Fratz von vier Jahren war.»

Der Gärtner lächelte den Gott an. «Damals hat er aus Wut, daß du seine Mutter fortgeschickt hast, alle Rosen in der großen Rabatte geköpft. Ich habe mir gewünscht, der da würde lebendig, ließe den kleinen Dicken fallen und holte sich statt dessen deinen William. – Schreibt er dir noch?»

«Selten. Nur diese amerikanischen Glückwunschkarten zu Weihnachten und zum Geburtstag. Wo wir gerade von Enkeln sprechen, was macht dein Lottchen? Kommt sie bald?»

«In drei Wochen, hat sie gesagt.»

«Darauf freue ich mich.»

«Meinst du, nur du? Wer ist denn ihr Großvater?»

Charlotte, die sie nur Lottchen nannten, war gekommen und tat, was sie immer in Monrepos tat: sie half, arbeitete und organisierte. «Ich habe in der Stadt angerufen und die Putzfirma bestellt, Onkel Ruprecht. Der Mann schätzt, daß sie eine Woche brauchen, um vom Dachboden bis zum Keller Hausputz zu machen.»

«Muß das sein, Lottchen?»

«Es muß. Du kannst das Schloß nicht so verkommen lassen. Ach, mach dir wegen der Unruhe keine Sorgen. Du wohnst solange bei uns im Gärtnerhaus.»

«Aber die Kosten!»

Junge graue Augen, die ihn musterten und denen so schlecht auszuweichen war. «Ich habe mir etwas überlegt. Es wird dir zwar nicht gefallen, aber ich sehe keine andere Lösung. Du mußt den Schirmständer verkaufen, Onkel Ruprecht. Du kannst deinen einzigen Regenschirm auch anderswo aufheben als in einer Ming-Vase. Damit bezahlst du das Reinemachen mit allem Drum und Dran, drei Hilfsgärtner für Großvater, damit der Park in Ordnung kommt, und dann müßte immer noch was für dein Leben übrigbleiben.»

«Ach, Lottchen.»

Nach drei Wochen, als Charlottes Ferien zu Ende gingen, war das Schloß immer noch alt und etwas schäbig, aber innen sah es wieder blitzblank aus. Die Ming-Vase, vom Kunsthaus abgeholt, wartete auf die Herbst-Versteigerung.

An ihrem letzten Abend saß Lottchen auf dem Rasen vor dem nunmehr vom Moos befreiten Mars, den sie als kleines Mädchen gefürchtet hatte, nun aber liebte, weil er sie an eine sorglose Kinderzeit erinnerte, in der es Eltern und Großeltern und drüben im Schloß Menschen gab, bei denen sie sich geborgen fühlte. Was schadete da ein einziger kindermordender Gott, um den man nur einen großen Bogen zu machen brauchte, damit er ungefährlich wurde.

«Paß auf meine Alten auf, Mars», sagte sie leise. «Du sollst nicht Krieg führen. So meine ich es nicht. Aber verteidige sie, hörst du? Stell dich den eifrigen Denkmalpflegern mit deiner Sichel in den Weg. Laß sie nicht das Paradies von zwei alten Männern zerstören. Sie sollen warten, bis Onkel Ruprecht und Großvater tot sind, dann ist immer noch Zeit für ein Museum und einen Besichtigungspark.» Sie verstummte und hörte den Fröschen zu, die im Teich ihr Nachtlied quakten.

«Es geht auch um dich und deine Marmorkollegen», fuhr sie fort. «Möchtest du nachts mit roter Farbe angesprüht oder von ehrfurchtslosen jungen Rumtreibern vom Sockel gestürzt werden? Noch tut das keiner aus dem Dorf, aber wenn erst einmal Horden von Fremden kommen – wer weiß? Die anderen Statuen sind alle zu sanft. Du bist der einzige, der stark ist und sich wehren kann.»

Sie stand auf und blieb dicht vor ihm stehen. «Ich denke nicht nur an Großvater und Onkel Ruprecht», flüsterte sie ihm zu, «sondern auch an mich. In Monrepos bin ich zu Hause. Da, wo ich studiert habe und wo ich arbeite und wo mein Freund ist, gehört mir nichts. Ich lebe in fremden Wohnungen, auf anderer Menschen Boden.» Sie lächelte flüchtig den Gott an. «Du hast recht, hier ist es auch so. Aber als Kind hat mir nicht nur Monrepos gehört, sondern die ganze Welt.»

Als Charlotte sich auf die Zehenspitzen stellte und nach dem Handgelenk des Gottes faßte, fühlte sich der Stein, der die Wärme der Sonne gestaut hatte, warm und lebendig an.

Beim Abschied vom Großvater sagte sie: «Ich hätte gern die Adresse von diesem William. Kannst du sie mir beschaffen?»

«Was willst du mit ihm?»

«Ihn besuchen», antwortete sie lachend.

«Lottchen will die Adresse von William. Soll ich sie ihr schicken?»

«Wozu?»

«Das habe ich sie auch gefragt. Sie hat gelacht und gesagt, sie will ihn besuchen.»

Die beiden alten Freunde lehnten an der Brüstung der Schloßauffahrt und betrachteten das Schilf und die Seerosen im Teich.

«Fliegt sie wieder nach Amerika, Heinrich?»

Der Gärtner hob die Schultern. «Sie ist doch ewig unterwegs.»

«Dein Lottchen, Redakteurin einer großen Modezeitschrift!» Ruprecht schüttelte den Kopf. «Ich kann sie mir nur in Männerhemden und Jeans vorstellen. Ich denke an sie wie an Aschenputtel, das sich in eine Prinzessin verwandelt, sobald es hier abfährt. Wie ist die Prinzessin in der Stadt?»

«Viel zu fein und schön. Ich war zweimal bei ihr, aber in der Großstadt können wir nichts miteinander anfangen. Ich passe nicht zu ihren Freunden, weil ich ihre Sprache nicht spreche. Ich bin schnell wieder abgereist.»

«Es ist besser, wenn sie zu uns kommt. – Ach, gib ihr die Adresse lieber nicht. Ich habe William seit fünfundzwanzig Jahren nicht mehr gesehen. Damals war mein Sohn gerade gestorben und seine Frau kam mit dem Kind aus Amerika –» Der alte Herr sah mit wäßrigen Augen in den Park und verzog den Mund. «Lottchen war ein Säugling. Vielleicht hättest du den Jungen damals Mars opfern sollen.»

Der Gärtner sagte bedächtig: «Das verstehe ich nicht, Ruprecht. Wie meinst du das?»

«Gerede, nichts als Gerede.»

Charlotte erhielt den Brief des Großvaters einige Tage vor der Abreise nach New York. William, ohne Titel und mit amerikanisiertem Namen, wohnte in Kalifornien und hatte nur ein Postfach. Sie scheiterte an der Auskunft von Los Angeles, kam einfach nicht weiter und mußte schreiben, um mit ihm in Kontakt zu kommen. Sie erledigte das auf ihre Art. «Besuchen Sie Ihren Großvater», malte sie auf einen Briefbogen.

Als sie zurück war und der Großvater bei den wöchentlichen Anrufen niemals William erwähnte, hakte sie nach und wurde ausführlicher. «Besuchen Sie Ihren Großvater. Er ist alt und einsam.»

Wieder geschah gar nichts. Es war Herbst geworden. Sie bekam Zweifel, ob der Amerikaner ihre Briefe erhalten hatte. Bei dem letzten Versuch kam eine Antwort, die sich ihrem Stil anpaßte. «Wer sind Sie?»

Darauf antwortete sie nicht. Als sie dann einige Tage vor Weihnachten zum Großvater fuhr, erzählte sie ihm von den Botschaften an William. «Es gibt ihn», sagte sie abschließend. «Mehr kann ich nicht tun. Wenn ich ihm längere Briefe geschrieben hätte –» Sie zog die Schultern hoch, ohne zu wissen, daß sie diese Geste von dem alten Mann geerbt hatte.

«Nein, das würde nichts genützt haben. Er war damals ein gräßliches Kind, keiner konnte ihn leiden. Warum soll er heute ein sympathischer Mann sein?»

«Ich möchte ja nur, daß er Onkel Ruprecht besucht.»

«Mehr kannst du nicht tun, Lottchen. Vielleicht ist er arm und kann die Reise nicht bezahlen. Was wissen wir denn?»

«Warum wissen wir nichts, Großvater? Was hat es mit diesem Geheimnis auf sich? Ruprechts Sohn ist tödlich verunglückt. Das ist doch keine Schande. Und wenn seine Frau so reich war, hätte sie sich doch um ihren Schwiegervater kümmern können. Was war damals?»

«Ein häßlicher Streit. Die Frau war rachsüchtig; sie ist mit dem Jungen abgereist und hat nie wieder geschrieben. Die Glückwunschkarten von William kommen erst seit einigen Jahren. Ich nehme an, daß seine Mutter nicht mehr lebt.»

«Und du willst mir nicht erzählen, was du über diesen Streit weißt?»

«Nein.»

Charlotte seufzte.

Am Weihnachtstag goß es in Strömen. Lottchen rannte in einem alten Lodenmantel und den Gummistiefeln ihres Großvaters zwischen dem Gärtnerhaus und dem Schloß hin und her und half der Haushälterin, die am Nachmittag zu ihrer Familie ins Dorf ging. Die beiden alten Männer feierten seit Jahren das Fest zusammen.

Beim Mittagessen sagte der Großvater: «Ich habe dich nicht gefragt, wie es kommt, daß du Weihnachten mit uns feiern willst.»

Sie lachte. «Ich habe keinen Krach mit Richard. Er hat seinen Sohn über Weihnachten, und die beiden sind in die Berge gefahren. Das ist das ganze Geheimnis.»

Richard war Charlottes Freund; er war in Monrepos beliebt, aber die beiden alten Männer meinten, die Dinge müßten ihre Ordnung haben – geschieden oder nicht, es sei an der Zeit, daß die beiden heirateten.

Gärtner und Schloßherr hatten schon viele Weihnachten gemeinsam überstanden. Sie aßen gut, tranken Wein, hingen vor dem Kaminfeuer ihren Erinnerungen nach und fühlten sich wohl. Lottchens Besuch verlangte Veränderungen. Es begann damit, daß sie an Geschenke denken und sich festlich kleiden mußten, und es hörte damit auf, daß es unziemlich war, vor dem Kamin in Gegenwart einer jungen Dame einzuschlafen. Die Freunde hatten darüber gesprochen, als Lottchen ihren Besuch ankündigte. «Wenn du einschläfst, Heinrich, werde ich laut husten.» – «Ist dir klar, daß du einen Anzug anziehen mußt?» fragte der Gärtner.

Als der Großvater seinen Mittagsschlaf hielt, ging sie mit einem Regenschirm durch den Park.

Die Vögel waren fortgezogen, nur einige Amseln hüpften über die Wiese, und zwei Eichelhäher zankten sich auf dem abgeräumten Beet der Sommerblumen. Der Teich lag still im Regen, dessen dicke Tropfen auf der Wasserfläche kleine Fontänen aufsteigen ließen.

Lottchen bog auf den Rundweg ein und betrachtete mitleidig die frierenden Putten von Frühling, Sommer und Herbst. Die Winter-Putte war im vorigen Jahr an einem besonders kalten Frosttag in drei Stücke zersprungen, die jetzt im Schuppen lagen und warteten, daß jemand kam, der sie wieder zusammengipste.

«Guten Tag, Mars», sagte sie nach einigen Minuten. «Bisher scheinst du gut aufgepaßt zu haben. Keine Briefe vom Landesamt, keine neuen Auflagen. Ich habe versucht, dir Unterstützung zu schicken. Den Enkel aus Amerika, der seinen anständigen Namen verändert hat und nichts von seinem Großvater wissen will. Keine gute Hilfe? Stimmt. Aber wen sonst? Wenn wir in Griechenland wären und du noch auf dem Olymp – Ja, spar dir das. Es ist doch egal, Mars oder Ares – William oder Wilhelm. – Wo war ich? Ja, bei deinen Götterkollegen auf dem Olymp. Als ich klein war und mein Vater noch lebte, hat er mir die Sagen vorgelesen. Ihr wart eine verspielte, manchmal alberne, manchmal bösartige Bande, aber einfallsreich. Es gab Menschen, die ihr mochtet. Da habt ihr auch geholfen. Ach, jetzt bist du ein armer, nasser Marmorgott, der so aussieht, als würde er das Kind gleich fallen lassen, weil es ihm zu schwer wird. Ist der Riß an deiner Hand übrigens neu? Er ist mir noch nie aufgefallen. Gib auf dich acht, und denk an das traurige Schicksal der Winter-Putte! Auf Wiedersehen, Mars.»

Abends, nach dem Weihnachtsessen, als sie vor dem Kamin saßen und Mokka tranken, fragte Lottchen ganz beiläufig, als erkundige sie sich nur aus Höflichkeit: «Hat dein Enkel geschrieben, Onkel Ruprecht?»

«Die üblichen Glückwünsche und einen Satz; er käme bald nach Europa. Auf der Karte ist ein Nikolaus abgebildet, der ziemlich bösartig aussieht und mit einer Peitsche acht Rentiere antreibt. Arme Viecher. Und was heißt Europa? Glaubt dieser William, daß Monrepos gleich links von Heidelberg liegt?»

Charlotte sah ihm an, daß er redete, um auszuweichen. Er schämte sich, seine Freude und Erwartung laut werden zu lassen. Sie warf dem Großvater einen triumphierenden Blick zu.

Dann begannen die beiden Männer einen Streit über die Schulbildung junger Amerikaner, der sich genußvoll in die Länge zog, bis sie die Frage erörterten, ob sich Rentiere eigneten, einen voluminösen Nikolaus und Berge von Paketen auf einem Schlitten zu ziehen. Lottchen lehnte im tiefen Sessel, beobachtete eine Weile, mit welchem Genuß die beiden Freunde sich zankten, starrte ins Kaminfeuer und hörte gerade noch, bevor ihr die Augen zufielen, daß sie das Thema wechselten und davon sprachen, wer nun husten müsse und ob es überhaupt nötig sei.

Als sie spät in der Nacht mit dem Großvater zum Gärtnerhaus ging und an Mars vorbeikam, blieb sie stehen. «Mit ihm spreche ich manchmal, Großvater. Das habe ich schon als Kind gemacht, nur hielt ich damals einen größeren Abstand, weil ich ihm nicht traute. Ich dachte, er könne plötzlich den kleinen Dicken fallen lassen und sich auf mich stürzen.»

«Du also auch?» sagte der Großvater. «Die anderen Statuen sind schöner und freundlicher, aber mit ihm hat es wohl eine besondere Bewandtnis. Ruprecht und ich reden auch mit ihm.»

Lottchen lächelte in die Nacht. «Schade, daß er nie antwortet. Es werden so einseitige Unterhaltungen.»

An einem Märzabend rief der Großvater Charlotte an und berichtete, William sei eingetroffen. In einem Mercedes. Er spreche sogar Deutsch; es klinge komisch, aber man könne ihn gut verstehen.

Sie unterbrach die dürftige Erzählung mit vielen Fragen. «Wie ist er? Wie sieht er aus? Was macht er? Mögt ihr ihn? Wie lange bleibt er? Ich möchte ihn kennenlernen.»

Freundlich, sagte der Großvater, und ja, eine

schwarze Hornbrille, sonst aber ganz wie Ruprecht. Groß, mager, auch die hellen Augen und genauso schäbig angezogen. Von seinem Beruf habe er nichts gesagt und auch nicht, wie lange er bleiben könne.

Die Wortkargheit des Großvaters hatte sie noch nie gestört, im Gegenteil, sie liebte den Telegrammstil der beiden Männer, der für sie zu Monrepos gehörte. Obwohl sie gern mehr Einzelheiten erfahren hätte, war sie am Ende des Gesprächs zufrieden. Onkel Ruprecht hatte endlich seinen Enkel, und daran war sie nicht unschuldig.

Als aus Monrepos keine Nachrichten kamen, gab sie am Wochenende vor Ostern der Neugier nach und kündigte ihren Besuch an.

Beim Abendessen mit dem Freund, am Tag vor ihrer Abreise, sagte sie: «Gebremster Schaum. Wenn ich sonst Großvater anrufe, daß ich kommen will, kann ich ihm die Freude anhören. Diesmal kam ich mir wie ein Vertreter vor, der seinen Besuchstermin aushandelt.»

«Könnte es sein, daß du eifersüchtig bist?»

«Na hör mal!»

«Immer nur William», beklagte sie sich schon am Abend ihrer Ankunft bei Mars. «Weißt du, seit ich erwachsen bin, fahre ich hierher und kümmere mich. Was heißt ‹weißt du›? Natürlich weißt du alles. Jede Verbesserung, jede Schlacht mit den Denkmalschützern, jeden Versuch, Geld für die

Reparaturen zu beschaffen – du kennst das alles. Aber nach zwei Wochen William bin ich abgemeldet. Ich bin nur noch eine Randfigur. Onkel Ruprecht ist entschuldigt. Dieser schlaksige Amerikaner ist schließlich sein Enkel und Erbe. Aber muß mein Großvater um ihn herumhüpfen wie um den verlorenen Sohn? Schön, er hat die Winter-Putte gegipst und wieder aufgestellt. Für vierzehn Tage ist das nicht überwältigend viel. Jedesmal, wenn ich hier bin, erledige ich solchen Kram ganz nebenbei, und das halten sie für selbstverständlich. – Aber Williams Heldenlied hat mir jeder von den beiden schon mindestens dreimal vorgesungen! Und du solltest sie reden hören, Mars! Wenn William ihnen zuhört, reden sie wie die Wasserfälle, mehr als sonst in zwei Jahren. Mich sehen sie gar nicht. Ich könnte genauso stumm wie du in diesem Park herumstehen, meinetwegen auch nackt. Es würde ihnen nicht auffallen. Ach, wenn du wenigstens mal was sagtest!»

Mars schwang die Sichel über den kleinen Dicken und glänzte im Mondlicht.

«Da bin ich wieder», sagte sie am nächsten Nachmittag zu Mars und stellte sich auf die Zehenspitzen, um den Sprung am Handgelenk des Gottes genauer zu prüfen. «Das sieht böse aus. Du Armer bist nicht gut durch den Winter gekommen. Der Riß hat sich vergrößert. Vielleicht weiß der Steinmetz Rat. Ich werde ihn fragen. – Heute habe ich mich vernünftig mit William unterhalten. Er will in zehn Tagen abfahren. Vier Wochen beim Großvater seien lang, und er wolle auch noch ein bißchen herumreisen und besichtigen. Er unterrichtet an einem College Griechisch und Latein und hält an einer Universität Vorlesungen über griechische Mythologie. Ist das noch ein Zufall, Mars? – Er kennt deine Familie von Berufs wegen in- und auswendig. Aber daß du hier im Park stehst, hat er noch nicht gemerkt. Ich mache ihn auch nicht auf dich aufmerksam. Großvater und Onkel Ruprecht sind mir seinetwegen treulos geworden, da sollst wenigstens du mir bleiben!»

Am Rand der Baumgruppe blühten die ersten Narzissen. Charlotte ging mit Storchschritten durch die Wiese und pflückte sie. Sie stellte sich vor Mars und sah zu ihm auf. «Ich kann dir keinen Kranz machen. Du bist zu groß. Aber ich lege dir die Blumen in den Arm. Du sollst merken, daß Frühling ist.»

«Wir sind zum Abendessen ins Schloß eingeladen», sagte der Großvater.

Lottchen seufzte tief auf. «Hat Berta gekocht oder wird erwartet, daß ich koche?»

«Warum? Du kochst doch immer?»

«Und du sagst, wir sind eingeladen! Zu einem Essen, das ich koche, für das ich den Tisch decke und alles vorbereite. Ist das eine Einladung, Großvater?»

«Ja, aber Lottchen...» Der alte Mann sah sie verwirrt an.

«Typisch», zischte sie Mars auf dem Weg ins Schloß zu. «Jetzt soll ich auch noch um das Goldene Kalb William herumtanzen. Für vier Leute drei Gänge kochen – und das nennt sich Einladung. Vielleicht versalze ich die Suppe und lasse das Fleisch anbrennen. Was meinst du? – Kleinlich? – Ja, zugegeben. Aber es würde mir Spaß machen. Ich stelle es mir so vor: ‹Ach, Baron, wer versorgt Sie denn nun, wo Sie Ihren Enkel zu Gast haben?› – ‹Gnädigste, Sie kennen doch noch meinen alten Gärtner Heinrich? Er hat gerade seine Enkelin bei sich. Sie hilft aus.›»

Mars sah sie finster an und machte einen bösen, viereckigen Mund. Er war nicht anders als sonst, aber diesmal schien das wutverzogene Gesicht ihr zu gelten.

«Ich weiß schon. Entschuldige. Aber du hast die Wut nicht allein gepachtet.»

William stand in Bertas Schürze vor dem Spülbecken und wusch Salat. Er hatte auch schon den Tisch gedeckt und den Wein geholt. Er half und brachte zwischendurch Cocktails, die es in sich zu haben schienen, denn als das Essen fertig war, mußten beide sehr genau steuern, um die Schüsseln auf geradem Weg von der Küche bis ins Eßzimmer auf den Tisch zu bekommen.

Charlotte fühlte sich nicht mehr ausgenützt; alles lief so friedlich und freundlich wie in williamlosen Zeiten ab. Und gerade jetzt, als es nicht mehr nötig war, nahm sie ahnungslos Rache. Sie sprach davon, daß William in zehn Tagen abreisen würde, nicht ahnend, was sie damit anrichtete. Onkel Ruprecht erblaßte unter der braunen Haut; der Großvater starrte von einem zum anderen. William wand sich und murmelte verlegen von Besichtigen und Herumreisen.

«Ist das endgültig?» fragte der alte Herr.

«Es wird nicht besser, wenn ich einen oder zwei Tage länger bleibe. Aber ich komme doch wieder.»

«Wann?»

«Spätestens in zwei Jahren.»

Damit ging an diesem Abend die Welt unter.

«Tu etwas!» sagte sie in der Nacht vor ihrer Abreise zu Mars. «Ich kann es nicht mit ansehen. Mir fällt auch nichts ein. William sagt, er könne auf die Besichtigungsreise verzichten, aber nicht auf seinen Beruf. Er lebt von dem, was er verdient. Er möchte heiraten. Die Braut hat auch kein Geld. Keiner aus unserer Generation hat genug Geld. Monrepos geht vor die Hunde. Auch wenn Onkel Ruprecht weiter sein Inventar verkauft, wird daraus immer nur ein Notbehelf.»

Als sie fortfuhr, konnte sie nur heiser flüstern, weil ihr ein dicker Kloß in der Kehle saß. «William glaubt, daß es bei dem berühmten Familiengeheimnis um Geld oder Gold geht, das seine Mutter veruntreut hat. Er kann sich dunkel an einen entsetzlichen Streit erinnern. Sein Großvater hat seine Mutter vor die Tür gesetzt. Mehr weiß er nicht. – Ach, Mars, wenn du doch einmal etwas sagen würdest!»

Als Charlotte nach einer kurzen Reise zu einer italienischen Modeschau wieder in ihre Wohnung kam, erwartete sie ein Telegramm. «Kann dich nicht erreichen», telegrafierte der Großvater. «Anrufen und kommen.»

Sie rief in der Nacht noch an.

«Mars», sagte der alte Mann. «An allem ist Mars schuld.»

«An was? So rede doch, Großvater!»

«Er hat William erschlagen.»

«Was???»

«Nicht richtig erschlagen. William wollte ihn fotografieren, und da ist plötzlich der kleine Dicke heruntergestürzt und William auf den Fuß gefallen. Und jetzt ist er im Krankenhaus.»

Lottchen ertappte sich dabei, daß sie im ersten Moment glaubte, der kleine Dicke sei im Krankenhaus. Sie unterdrückte mühsam die sie randvoll ausfüllende hysterische Heiterkeit und fragte: «Ist es schlimm? Was ist mit dem Fuß?»

«Sie haben operiert. Er wird wieder gehen können. Aber das ist noch nicht alles, Lottchen.»

«Großvater!»

«Ja. Der Arm von Mars, der mit dem Sprung, weißt du, der ist auch abgebrochen und mit dem Dicken zusammen abgestürzt.»

«Und?»

«Und da ist die Statue aus dem Gleichgewicht gekommen und umgefallen.»

«Aber doch nicht auf William, um Gottes willen?»

«Nein, der ist noch vorher fortgekrochen.»

«Na, dann ist es doch nicht so schlimm.»

«Im Gegenteil, es ist ganz großartig.»

«Was ist großartig? Großvater!»

«Das Gold ist wieder da. Es war am Fuß der Statue vergraben. Williams Mutter hat es doch gestohlen. Niemand wußte, wo sie es versteckt hat.»

«Gold?»

«Die Dukaten. Ruprecht hatte sie ihr gezeigt, und dann waren sie plötzlich weg. Darum ging doch der Streit.»

«Sag nicht immer *doch*! Redest du von vielen Dukaten, Großvater? Geht es um viel Geld?»

«Um sehr viel. Darum war Ruprecht doch plötzlich so arm.»

«Ich komme übermorgen», sagte Charlotte.

Der ganze Garten duftete nach Frühling, in der

Linde auf der großen Wiese schluchzte eine Nachtigall, und der marmorne Mars lag noch immer quer über den Weg auf dem Bauch. Der Großvater hatte den kleinen Dicken mit dem Schubkarren in den Schuppen gefahren, wo er in einer Ecke auf Stroh gebettet war und zum erstenmal keine Angst vor der Sichel zu haben brauchte. Lotte setzte sich auf den umgestürzten Sockel und berachtete die Rückansicht des Gottes.

«Ich möchte mich bei dir bedanken.» Sie streichelte zärtlich die steinerne Schulter. «Das hast du wunderbar gemacht. Williams Fuß heilt. Es bleibt nichts zurück. Onkel Ruprecht ist wieder ein wohlhabender Mann, der sein Schloß erhalten kann. Großvater darf zwei Gärtner einstellen. Und du wirst morgen abgeholt und repariert. Deinetwegen habe ich mich heute mit Onkel Ruprecht und Großvater in die Wolle bekommen. Ich finde nämlich, daß du nur mit deiner Sichel viel besser aussehen würdest. Ich habe vorgeschlagen, den kleinen Dicken in die Muschel vom Springbrunnen zu legen. Da darf er wie ein friedliches fettes Baby aussehen. Sie haben natürlich Einwände gemacht. Du wärst vom Bildhauer so gedacht und müßtest so bleiben. Als ich sagte, du hättest nicht mit ihm fotografiert werden wollen und ihn William absichtlich auf den Fuß geworfen – ja, auch damit er nicht abreisen konnte –, haben sie mich angesehen, als hätte ich den Verstand verloren. ‹Lottchen›, sagte Onkel Ruprecht, ‹er kann nicht denken. Er ist aus Marmor!›

Ich: ‹Er hat alles getan, worum ich ihn gebeten hatte. Und von dem Goldschatz hat er die ganze Zeit gewußt. Er hat nur auf den richtigen Zeitpunkt gewartet.›»

Sie lachte leise auf. «Ach, Mars. Es war ein richtiger Krieg. Die beiden Männer sind laut geworden, ich auch. Du hättest deine Freude gehabt. Als nichts mehr half, habe ich gejammert und Krokodilstränen vergossen. Alles drehe sich um William. Ich käme seit Jahren, sorge für alles, mache alles, aber wenn ich einmal einen Wunsch hätte, würde er mir verwehrt. Das hat geholfen. Onkel Ruprecht wird dich besichtigen, sobald du wieder heil bist und aufrecht stehst. Und wenn du dann schön und stattlich bist, kommt der kleine Dicke in die Muschel. Gefällt dir das? Freust du dich, Mars?»

Ihre Hand lag noch immer auf der glatten Schulter des Gottes. Ganz plötzlich übertrug sich ein stummes Beben und Zucken vom Marmor auf ihre warme Handfläche, stieg erst in die Fingerspitzen und endlich von der Hand in ihren Arm.

In der Dunkelheit konnte sie nichts sehen, aber sie spürte es. «Mars», flüsterte sie fassungslos, «du lachst ja!»

Der Zauberer

Als der Zauberer sich wieder einmal von einem alten in einen jungen Mann verwandelte, faßte er den Beschluß, diesmal das Leben der Menschen genauer zu erforschen. Er wollte wie ein gewöhnlicher Mensch leben und nur zur Zauberei greifen, wenn es gar nicht mehr anders ging.

Er nahm den Namen Balthasar Kraut an, verließ seinen von Eulen und Fledermäusen bewohnten alten Turm im Wald und wanderte in die nahe gelegene kleine Stadt. Dort ging er bei einem Apotheker in die Lehre. Weil er freundlich und fleißig war und alle Welt ihn schätzte, wurde bald aus dem Lehrling der unentbehrliche Gehilfe des alten Apothekers. Während die Jahre verstrichen, übernahm er allmählich das Geschäft. Er lernte viele Menschen kennen, bedeutsam erschien ihm aber nur die Bekanntschaft mit einer alten Frau namens Babette.

In der Stadt galt sie als Hexe. Sie sammelte Heilkräuter. Die Leute bekreuzigten sich, wenn sie ihr am Tage begegneten, und schlichen sich

des Nachts heimlich zu ihrem Häuschen, um sie um wundertätige Arzneien zu bitten.

«Ich soll eine Hexe sein!» sagte sie zu Balthasar Kraut und legte ihm Rosmarin, Tausendgüldenkraut, Nelkwurz und Pimpinelle auf den Tisch im Hinterstübchen der Apotheke. «Haltet Ihr mich auch dafür?» Sie sah ihn an, und ein stilles Lächeln huschte über ihr altes Gesicht.

Balthasar, der wirkliche Hexen kannte, verneinte ganz entschieden.

«Sie dulden es nicht, daß man klüger ist», sagte die alte Babette. «Sie könnten alles wissen, was ich weiß. Daß sie es nicht lernen wollen, kreiden sie nun mir an. Hütet Euch vor den Menschen, Balthasar! Es ist nicht leicht mit ihnen umgehen. Auch für Euresgleichen nicht!»

Der Zauberer, der dem Zaubern abgeschworen hatte, verneigte sich in Demut vor der häßlichen alten Frau, die ihn durchschaute. Er sann lange nach, wie er ihr das Leben ein wenig leichter machen könnte. – Als er an seinem seltsam geformten Ring drehte, züngelten im kalten Herd in Babettes Hütte die ersten bläulichen und wärmenden Flammen eines Feuers auf, das keiner Nahrung bedurfte.

Babette sprach nie mit ihm darüber, aber manchmal fand Balthasar unter den getrockneten Arnikablüten seltene Kräutlein, die nicht mit Gold aufzuwiegen waren, weil niemand ihren Standort mehr kannte. Als die alte Frau starb, erlosch das blaue Feuer. Balthasar rüstete ihr Begräbnis aus.

«Wenn der Apotheker auf den Friedhof geht, können wir das auch», sagten die Bürger und folgten dem Sarg der Hexe.

Dreimal noch zauberte Balthasar während seines Menschendaseins.

Einmal gebot er einer Feuersbrunst Einhalt, die in der Stadt ausgebrochen war und die vielen alten Holzhäuser, die engen winkligen Gassen und schönen Schnitzwerke zu zerstören drohte, deretwegen die Stadt weithin hohes Ansehen genoß. Balthasar drehte an seinem Ring und sah von der Tür der Apotheke aus den Wasserfluten zu, die er befohlen hatte.

«Glück!» sagten die Menschen. «Das Schicksal hat den Untergang unserer schönen Stadt nicht gewollt!»

Balthasar lächelte.

Ein andermal waren die beiden Kinder des reichen Holzhändlers allein zum Teich gelaufen. Der kleine Junge fiel ins Wasser, und das Schwesterchen, das ihn retten wollte, verlor auf dem glatten Rasen der Uferböschung den Halt und stürzte ihm nach. Balthasar, der von vielen Dingen Kunde bekam, sandte in Gedankenschnelle eine Botschaft zu seinem Turm. Die treuen Eulen kamen auf lautlos eiligen Zauberschwingen und zogen die erschöpften Kinder ans Ufer.

Die Geschwister wurden nicht müde, von den

großen Vögeln zu erzählen, die sie gerettet hätten. «Sie haben ihre Schutzengel gesehen», sagten die Menschen und dankten Gott. Balthasar neigte das Haupt in lächelnder Verehrung vor dem, der mächtiger war als er. Er sah Gerechtigkeit darin, daß der den Dank bekam, der ihm seine Zaubermacht gegeben oder gelassen hatte.

Zum letztenmal zauberte Balthasar, als ein sengender Sommer, von Hagelschlägen und Sturm unterbrochen, die Ernte der Menschen zu vernichten drohte. Er blickte in die bekümmerten Gesichter der Bauern, die zu ihm in die Apotheke kamen, und Mitleid erfüllte ihn. Er ließ sanften, heilenden Regen kommen, der den Pflanzen neue Kraft gab. Die Menschen gewöhnten sich rasch an den Anblick hochgeladener Erntewagen. «Mit dem Wetter haben wir Glück gehabt», sagten sie. «Erst sah es gar nicht gut aus, aber dann hat sich das Blatt gewendet. Der Himmel hat unsere Mühe und Arbeit gelohnt.»

Danach begnügte sich Balthasar Kraut damit, das zu sein, wofür er allgemein galt: ein freundlicher, tüchtiger Apotheker.

Wenn nun ein Unwetter kam, sagten sie: «Das ist Hexerei!»

Wenn Krankheit sie überfiel, murrten die Menschen: «Es ist, als wäre sie uns angezaubert!»

Und der reiche Holzhändler, dem die Raupen seinen besten Fichtenwald kahlgefressen hatten, kam in die Apotheke zu Balthasar und sagte:

«Wenn Sie mich fragen, Herr Kraut. Es geht nicht mit rechten Dingen zu!»

Endlich, als er als Mensch in die Jahre kam, kehrte Balthasar in seinen Turm zu den Eulen und Fledermäusen zurück. Im Jahr darauf, als sich die Zauberer in der Walpurgisnacht versammelten und über ihre Erfolge und Mißerfolge sprachen, sagte er nachdenklich: «Den Menschen ist nicht zu helfen.»

Die anderen Zauberer tauschten untereinander Blicke und zuckten mit den Schultern.

«Wolltest du das denn?» fragte ein noch junger, vorwitziger Zauberer, dem die rechte Achtung vor dem Alter fehlte.

Balthasar ließ seine Menschenjahre an sich vorüberziehen und begegnete noch einmal der Gestalt der alten Babette. Da lächelte er und verneigte sich vor ihr in der Erinnerung. «Den meisten nicht!» antwortete er.

Der junge Zauberer starrte ihn neugierig an, die alten senkten höflich den Blick, dachten aber alle: Er ist und bleibt ein Sonderling.

Das Geschenk

Sie waren so weit gekommen, den häßlichen kleinen Porzellanmann das «Glück von Edenhall» zu nennen. Aus Angst, er könnte herunterfallen, trauten sie sich nicht mehr, ihn abzustauben. Er stand auf der Kommode, lächelte bösartig und störte sie. Felix hatte ihn von seiner Wirtin geschenkt bekommen. Damals war er noch nicht verheiratet und wohnte als möblierter Herr bei Frau Schöpfli. «Ist er nicht goldig?» sagte sie. «Ich dachte, es wäre eine Erinnerung an all die Jahre, die Sie bei mir gewohnt haben. Wenn Sie heiraten, nehmen Sie ihn mit und stellen ihn in Ihrer Wohnung auf, und dann denken Sie manchmal an die alte Frau Schöpfli.»

Wenn sie Frau Schöpfli zur Hochzeit eingeladen hätten, wäre es mit dem Porzellanmann vielleicht nie so schlimm geworden!

Als Felix und Ursula heirateten, stellte sich heraus, daß auf die Zahl zwölf Gäste eingeladen werden mußten. Frau Schöpfli wäre der dreizehnte Gast gewesen.

«Ich bin nicht abergläubisch», sagte Ursula

damals, «aber dreizehn bei unserer Hochzeit zu Tisch, das ist mir doch nicht geheuer! Wir laden sie einfach als ersten Gast nach der Hochzeit zu uns ein.»

«Wie war das mit Dornröschen?» fragte Felix schmunzelnd.

Aber Frau Schöpfli benahm sich keineswegs wie die böse dreizehnte Fee. Sie schrieb einen reizenden Brief und schickte Blumen in einer großen, schönen Vase.

Dann hatte das junge Ehepaar die Wohnung eingerichtet.

«Ist der lustig!» sagte Ursula, als sie den Porzellanmann aus der Kiste auspackte. «Sollen wir ihn auf die Kommode stellen?»

«Sieh ihn dir genauer an», hätte Felix gern gesagt, aber da er gerade erst verheiratet war, sagte er es nicht. Vielleicht bildete er sich ja nur ein, daß der Mann böse und hämisch grinste und daß etwas Beunruhigendes von ihm ausging! Was sollte Ursula denken, wenn er ihr gestand, daß er eine Porzellanfigur haßte, es aber nicht fertigbrachte, sie zu zerschlagen und fortzuwerfen?

Nach einigen Wochen begann Ursula es zu spüren. Sie stand abends im Zimmer, legte die Stirn in viele Falten, blickte auf die Kommode und fragte: «Hast du dir den mal aus der Nähe angesehen, Felix?»

«Hm.»

«Warum ist mir das nicht schon früher aufgefallen? Er sieht so tückisch aus!»

Und weil Frauen mit dem Magischen offenbar leichter umgehen können als Männer, nahm sie ihn und stellte ihn ganz hinten in den Geschirrschrank.

Wie hätte Felix ihr sagen sollen, daß man das Böse nicht dadurch unschädlich macht, daß man es forträumt? Kann ein moderner Mensch sich vor einem grinsenden Porzellanmann fürchten? Kann er es eingestehen, ohne sich lächerlich zu machen? Nein! – Aber als die Pechsträhne kam, wußte Felix, wem sie es zu verdanken hatten. Das Auto brach zusammen; Ursula verlor die Brieftasche mit dreihundert Mark und allen Ausweisen; die Beförderung, mit der Felix fest gerechnet hatte, wurde hinausgezögert, und nun reichte das Geld nicht mehr für die Ratenzahlungen. Er mußte sich in der Firma einen Vorschuß geben lassen. Trotzdem schwieg Felix. Er sprach nie mehr von dem Porzellanmann.

«Ich habe ihn wieder aufgestellt», sagte Ursula ein paar Wochen später schuldbewußt. «Ich weiß, es klingt albern, aber ich habe schon dreimal von ihm geträumt. Er steht in einem Käfig, rüttelt an den Stangen und schreit so laut, daß ich davon aufwache. Er ist zum Fürchten!»

Sie sprachen von da an nicht mehr über ihn. Erst Ursulas resolute, fröhliche Mutter brach den Bann. «Wo habt ihr das Scheusal her?» fragte sie.

«Am Anfang fand ich ihn ganz nett, aber wenn man ihn länger kennt, bekommt man bei seinem Anblick eine Gänsehaut.»

«Um Himmels willen, Mutter!» riefen sie einstimmig. «Laß ihn stehen! Wenn er kaputtgeht...»

«... wäret ihr einen Hausgreuel los!» sagte sie. Aber dann setzte sie ihn kopfschüttelnd wieder ab.

Endlich kam Frau Schöpfli zu Besuch.

Sie ging bewundernd durch die kleine Wohnung, fand sie schön und gemütlich und geschmackvoll, trank viel Kaffee, aß viel Kuchen, sah sich abermals um und brach in einen Jubelruf aus:

«Da ist er ja! Nein, daß Sie ihn aufgestellt haben! Er sieht doch wirklich lustig aus!»

Felix und Ursula schwiegen betreten. Der kleine Mann auf der Kommode feixte. Endlich schwieg auch Frau Schöpfli. Es schien ihr nicht mehr so gut zu schmecken. Von Zeit zu Zeit warf sie einen furchtsamen Blick zur Kommode. Dann verlor sich die Furcht und wich einem Ausdruck grimmiger Entschlossenheit.

Als Felix und Ursula das Geschirr in die Küche getragen hatten und wieder zurückkamen, stand Frau Schöpfli neben der Kommode. Vor der Kommode lag der Porzellanmann in tausend Scherben.

«So was habe ich noch nie gemacht», sagte die

alte Frau verlegen. «Ich habe ihn genommen und auf den Fußboden geworfen! Absichtlich! Es tut mir schrecklich leid, Felix.» Doch dann sah sie fassungslos in die entsetzten Gesichter der jungen Leute. «Fanden Sie ihn etwa schön?» fragte sie stotternd. «Ich ... ich fand ihn nämlich auf einmal ganz abscheulich ...»

«Felix», flüsterte Ursula, «sie hat ihn dir doch geschenkt! Weißt du noch, die dreizehnte Fee? Erinnerst du dich?»

«Und wenn es jetzt ein Unglück gibt?» fragte er tonlos.

«Wieso Unglück? Scherben bringen Glück!» sagte Frau Schöpfli. «Und wenn ich Ihnen jemals wieder so etwas Häßliches schenke, dann zerschlagen Sie es bitte selbst und warten nicht, bis ich endlich zu Besuch komme!»

Am nächsten Tag wurde Felix befördert.

Frau Schöpfli fand es reizend, daß die jungen Leute ein Bild von ihr haben wollten, aber warum sie «die dreizehnte Fee» darunter schreiben sollte, verstand sie nicht so recht.

Sommerliches Ungemach

«Morgens früh um sechs», sang das Kind, das ganz allein im Sandkasten spielte, «kommt die kleine Hex.»

Die Hexe, die für solche dümmlichen Lieder gar keinen Sinn hatte, ritt auf ihrem Besen ein wenig näher heran, um sich das Kind genauer anzusehen. «Morgens früh um sieben...»

Die Hexe stand selten vor zehn Uhr auf, und gelbe Rüben schabte sie dann bestimmt nicht. Das Kind war ein Mädchen. Sie mochte keine Kinder, egal ob Jungen oder Mädchen. Kinder ließen sich durch Hexen selten aus der Ruhe bringen; ja, sie fürchteten sich nicht einmal, weil sie mit dem Vorhandensein geheimnisvoller Wesen rechneten. Das lag an den Märchen. Die Hexe hatte in ihrer fernen Jugend die Schrift der Menschen gelernt und mußte in der Hexenschule, weil sie vorlaut gewesen war, zur Strafe ein Märchen namens Hänsel und Gretel laut vorlesen. Seitdem haßte sie Märchen.

Aber da sie nun einmal lesen konnte, las sie hin und wieder auf Parkbänken liegengebliebene

Zeitungen und wußte, daß es Menschen gab, die Märchen grausam fanden und verlangten, ihre Kinder müßten vor so brutalen Geschichten bewahrt werden. Von diesem Vorhaben hielt die Hexe viel, denn sie trauerte um die Ur-ur-ur-Ahnin, die von diesem Hänsel und der gräßlichen Gretel verbrannt worden war. Als ob Hexen Kinder äßen! So etwas konnten sich wirklich nur Menschen ausdenken!

Sie wurde in ihren Gedanken gestört, denn das Kind blickte auf und klopfte mit einer kleinen schmutzigen Hand neben sich auf den Rand der Sandkiste. «Wie schön, daß du kommst», sagte es. «Ich langweile mich so. Setz dich doch bitte zu mir.»

«Wieso kannst du mich sehen?» fragte die Hexe und flog kleine Kreise.

«Dich nicht, aber deinen Schatten. Ich kenne sonst niemand, der auf einem Besen reitet. Du bist doch eine Hexe, nicht wahr?»

«Ja.» Die Hexe kam der Aufforderung nach und nahm Gestalt an. Sie war schon lange unterwegs, ohne etwas erlebt zu haben. Im Hochsommer war mit den Menschen weder etwas Rechtes noch etwas Schlechtes anzufangen. Die Wärme und die Sonne machten sie faul und friedfertig.

Das Kind sah die große dürre Frau, die plötzlich neben ihm saß, ohne alles Staunen gründlich an. «Ich hätte gedacht, du wärst kleiner und hübscher angezogen. In Büchern haben Hexen bunte weite Röcke und fröhliche Kopftücher. Du trägst keine Brille, deine Nase ist nicht spitz, und Warzen hast du auch nicht.»

«Das ist bedeutungslos», sagte die Hexe. «Ich kann mein Aussehen verändern. Manchmal bin ich groß und dünn wie heute, manchmal bin ich klein und dick und häßlich.»

«Findest du dich heute schön?» fragte das Mädchen forschend. «Oh, entschuldige bitte, so meine ich es nicht. Du bist meine erste Hexe. Ich finde dich interessant.»

Hexen sind Frauen, Frauen sind eitel, die Hexe war eitel.

«Was gefällt dir an mir nicht? Bin ich nicht soigniert? Dies ist meine elegante Reisekleidung: ein graues Mantelkleid, schwarze Stiefeletten, schwarze Handschuhe, eine graue Toque und ein schwarzlackierter Roßhaarbesen.»

«Ist eine Tocke ein Hut? Und was ist swanjiert?»

Die Hexe erklärte und fragte dann: «Wie alt bist du?»

«Zu alt, um im Sandkasten zu spielen», sagte das Mädchen ärgerlich. «Fast acht. Ich bin bei meinem Vater zu Besuch. Sonst lebe ich bei meiner Mutter. Sie sind geschieden. Mein Vater macht einen Ausflug mit seiner neuen Freundin. Er wollte mich mitnehmen, aber sie kann Kinder nicht leiden, mich schon gar nicht.»

Im ersten Augenblick fühlte sich die Hexe

dieser neuen Freundin verbunden, aber dann witterte sie Arbeitsmöglichkeiten. «Warum hat dich deine Mutter zu ihm geschickt?»

«Sie muß. Vier Wochen in den Schulferien. Sie ist mit ihrem neuen Mann verreist. Bisher ist er ganz nett. Wenn die beiden wüßten, wie langweilig es hier ist, hätten sie mich bestimmt mitgenommen.»

«Du bist nicht logisch», sagte die Hexe streng. «Wenn sie dich vier Wochen zu deinem Vater schicken muß, könnte sie dich nicht mitnehmen, ob du dich nun langweilst oder nicht.»

Das Kind begann zu schluchzen. «Bitte, schimpf mich nicht aus. Heute ist ein schrecklicher Tag, und wenn du auch noch mit mir schimpfst...»

Die Hexe betrachtete es nicht als ihre Aufgabe, einsame Kinder zu trösten. «Hör auf zu flennen! Damit wird nichts besser. Ich will mal sehen, ob ich deinem Vater den Ausflug verderben kann. Ein kleiner Unfall vielleicht –»

«Nein!» jammerte das Kind. «Wenn mit dem Auto was passiert, wird er noch schlechtere Laune haben. Es ist neu und noch nicht bezahlt.»

«Ich dachte mehr an ihn als an das Auto», murmelte die Hexe. Laut fragte sie: «Weißt du, wohin er gefahren ist?»

«Ja. Ins Blaue. Heute morgen hat er zu der Ziege gesagt: ‹Wir machen eine Fahrt ins Blaue.› Weißt du, wo das ist? Ich war da noch nie.»

Die Hexe seufzte. Dann ließ sie sich den Vater, die Freundin und das Auto beschreiben. «Mickrige Auskünfte!» stellte sie unwirsch fest. «Ich werde weit fliegen und lange suchen müssen.»

«Wenn du mich mitnimmst, könnte ich dir helfen.» Das Mädchen sah sie hoffnungsvoll an.

«Nichts da! Ich mache erst einen Rekognoszierungsflug. Über das, was dann kommt, werden wir reden. Du wartest hier.»

«Wird es lange dauern?» fragte das Kind niedergeschlagen. Aber die Hexe war plötzlich unsichtbar geworden, und nicht einmal ihr Schatten war noch zu sehen.

Das Kind wußte nicht so genau, ob es den Besuch der seltsamen alten Frau wirklich erlebt oder nur geträumt hatte. Es blieb aber brav im Sandkasten sitzen und bekam einen schrecklichen Sonnenbrand.

«Wie siehst du denn aus?» sagte die Hexe, als sie nach etwa zwei Stunden zurückkam. «Wie ein gekochter Krebs! Warum bist du nicht in den Schatten gegangen?»

«Du hast gesagt, daß ich hier warten soll. Hast du meinen Vater gefunden?»

«Ja. Er ißt gerade mit dieser Frau zu Mittag. In einem überfüllten Ausflugslokal. Wir haben Zeit.»

«Wir? Dann darf ich mit?» Das Kind sprang auf und hopste um die Hexe herum.

«Nicht mit den nackten Armen und Beinen. Zieh dir was an, was Langes, hörst du! Und Schuhe!»

Das Kind rannte ins Haus und kam in einem bunten Hexenrock, einer roten Bluse und einem Kopftuch wieder. Es trug Sandalen. «Wird es so gehen?»

«Mußtest du dich wie eine Hexe aufmachen?» Die Hexe sah das Mädchen an und lachte ärgerlich. «Na schön. Und nun höre mir genau zu.» Sie gab dem Kind Anweisungen, zog auf seiner Stirn mit dem Zeigefinger Striche und Linien und murmelte dazu. Nachher konnte das Mädchen sich nicht erinnern, wie es auf den großen Parkplatz gekommen war und sich neben der Hexe vor dem Auto des Vaters wiederfand. Die Hexe schob gerade den Besen in den Schatten unter dem Wagen.

«Dort drüben ist ein Spielplatz!» Sie deutete mit der schwarzbehandschuhten Hand. «Wenn ich fertig bin, hole ich dich ab.»

Das Kind war noch keine acht Jahre alt; es fühlte sich elend, fror und schwitzte abwechselnd und hatte Durst und Hunger.

«Ich habe Durst und Hunger», sagte es kläglich. «Ich möchte nicht spielen.»

«Du spielst!»

Das klang so gemein und böse, daß ihr die Schluchzer im Halse steckenblieben. Sie bekam zum erstenmal Angst vor der Hexe und stolperte mit hängenden Schultern und müden Beinen in Richtung Spielplatz.

Wäre sie ein Hexenkind gewesen, hätte die Hexe Mitleid empfunden. Aber Hexenkinder bekommen keinen Sonnenbrand und geben keine Widerworte. Die Hexe ging zum Terrassenrestaurant und dachte: Mit Menschen Mitleid haben, das wäre ja wohl das Letzte! Auf dem Blocksberg würden sie über mich Tränen lachen, und der Hexenmeister... Ach, der würde mich nie wieder ansehen.

Der Vater und die neue Freundin saßen unter einem Sonnenschirm auf der Terrasse. Ein unappetitlich schwitzender Ober hatte ihnen das Essen auf den Tisch geknallt. Eine Horde zudringlicher Wespen plagte sie, und dann war die Rechnung um zehn Mark zu hoch. Als der Vater das Geld zurückverlangte, kam es zu einem lautstarken Wortwechsel. Die Stimmung war auf dem Nullpunkt; die Freundin ließ ihre Wut am Vater aus, und die strenge alte Dame, die am Nebentisch ganz ohne Wespen Eis mit Sahne aß, war mit sich zufrieden. Bisher ließ sich alles gut an. Und sie hatte noch einige hübsche Überraschungen geplant.

Beim Aufbruch blieb das Seidenkleid der jungen Frau am Stuhl hängen und bekam einen langen Riß. Es war ein teures und ganz neues Kleid. Der Vater tröstete, so gut er konnte, und verkniff es sich zu sagen, daß man zu einer Landpartie auch schlichter und bequemer gekleidet hätte kommen können. Sie sah aus, als wolle sie in die Oper. Von Spazierengehen konnte keine Rede sein; sie hatte sich in den neuen Schuhen mit viel zu hohen Absätzen schon auf den ersten fünfhundert Metern Blasen gelaufen. Er seufzte still in sich hinein.

Die Freundin hörte den Seufzer sehr wohl und nagte an der Unterlippe. Sie hatte sich ihm zu Ehren so hübsch gemacht. Und nachdem nun seine lästige kleine Tochter aus dem Felde geschlagen war, hatte sie mit einem weniger gewöhnlichen Ausflugsprogramm gerechnet. Ein kleiner Bummel auf den asphaltierten Wegen des Kurparks, ein Festmahl in einem eleganten Hotel, eine stille Stunde mit Mokka und der längst fälligen Erklärung.

Die Hexe hatte sich unsichtbar gemacht, das Eis und den Kaffee nicht bezahlt, dem laut schimpfenden Ober die freundlichen Wespen hinterhergeschickt und sich nun an die Verfolgung des Paars begeben.

Sie konnte Gedanken lesen, las sie mit Genuß. Es lief ohne sie schon glänzend. Auf ihr Konto ging bisher nur der Riß im Kleid. Nun noch der verknackste Fuß! Die junge Frau stolperte über eine lose Steinplatte der Stufen zum Parkplatz, drohte zu fallen, hielt sich an ihrem Begleiter fest, brachte ihn aus dem Gleichgewicht und stürzte mit ihm die letzten beiden Stufen hinunter. Als sie sich wieder hochrappelten, hatte sie einen geprellten Knöchel, der rasch anschwoll, und er eine häßliche Schramme auf der Handfläche.

Die Hexe nützte diesen Aufenthalt, um ihren Besen zu holen. Sie war gespannt, wie sich ihre nächste kleine Aufmerksamkeit auswirken würde.

Vater und Freundin klopften sich ab, nahmen die Blessuren des anderen stumm und grimmig zur Kenntnis; jeder fand sich schwerer verletzt und den Partner von beispielloser Rücksichtslosigkeit. Mit durchgeblutetem Taschentuch um die Hand, führte der Vater die humpelnde Freundin zum friedlich in der Sonne kochenden Auto.

Er griff in Taschen, fingerte, verrenkte sich, um mit der gesunden Hand in die Taschen zu kommen, die für die verletzte Hand vorgesehen waren, und zischte endlich durch zusammengebissene Zähne: «Hast du den Schlüssel?»

«Nein!» Eine mehrsilbige Antwort hätte bei ihr zu einem Schreikrampf geführt.

«Er muß mir beim Sturz aus der Tasche gefallen sein.»

Mißmut war ein zu sanfter Ausdruck für seine Gemütsverfassung. Er trottete davon und suchte lange bei den Steinstufen. Kein Autoschlüssel. Endlich stieg er wieder zur Terrasse hinauf, auf der sie gegessen hatten, trat dem von den Wespen gestochenen bösartigen Ober entgegen und fragte nach einem abgegebenen Autoschlüssel. «Bin ich ein Fundbüro?» fragte der, schlug mit der Serviette nach den Wespen, die das übelnahmen. Beide Männer flüchteten in verschiedene Richtungen.

Der Vater fragte an der Theke, ging zum Toilettenmann, kehrte zurück und erkundigte sich nach der nächsten Werkstatt, rief dort an, brauchte viel Freundlichkeit und Überredungskunst – beides fiel ihm schwer –, bis er das müde Versprechen bekam, wenn der Abschleppwagen zurück sei, wollten sie jemand zum Parkplatz schikken. Er solle dort warten. Als er zur Frage ansetzte, wie lange das dauern würde, sprach er schon in eine tote Leitung.

Die Freundin saß bei seiner Rückkehr im kurzen Schatten einer kleinen Hecke, hatte die neuen Schuhe neben sich gestellt, sah ihm hoffnungslos entgegen und reagierte auf sein müdes Kopfschütteln mit stummen Tränen, die über ihre sonnenverbrannten Wangen rannen. Er setzte sich neben sie, berichtete, was zu berichten war, und versank in Schweigen.

Die Hexe lächelte zufrieden im Gefühl, gute Arbeit geleistet zu haben. Vor lauter Beobachten und Arrangieren kleiner Widrigkeiten hätte sie um ein Haar das Kind vergessen.

Sie flog zum Spielplatz. Nein, sie wollte dem Kind, das ihr den Tag verschönt und mit angenehmer Tätigkeit ausgefüllt hatte, nichts Böses.

Sie war in ihren Überlegungen sogar schon so weit gekommen, daß sie das Kind nach Hause zu bringen beabsichtigte. Aber wenn schon Menschen gelungenen Situationen nicht widerstehen können, wie sollte das eine Hexe fertigbringen?

Das Mädchen stand heulend an einem Kletterpfahl, umringt von vielen Kindern, die es ob seiner absonderlichen Kleidung hänselten. Die Kleine sah wirklich komisch aus. Die Hexe mußte lachen. Ein Kind mit feuerrotem Gesicht, feuerroten Armen, mit einem Rock, der bis auf die Erde reichte. Ein größerer Knabe hatte ihr das Kopftuch entrissen, ließ sie danach hüpfen und greifen und zog es jedesmal im letzten Augenblick fort. Die Kinder im Kreis lachten kreischend; das Mädchen erstickte fast an seinen Schluchzern. Die Hexe schwebte unsichtbar über dem Spielplatz und hielt neugierig Ausschau, ob Erwachsene wohl eingreifen würden.

Die wenigen erwachsenen Menschen, die sie sah, schauten vom Rand aus zu, schüttelten den Kopf und sagten: «Wie grausam Kinder doch sein können!»

Die Hexe schämte sich etwas, daß sie Mitleid bekam. Sie sorgte dafür, daß das heulende, verzweifelte Kind sich nicht erinnern konnte, wie es zu diesem gräßlichen Platz gekommen war. Dann teilte sie ihm in Gedankenübertragung mit, was es tun sollte.

Das Kind legte plötzlich den Kopf in den Nakken und rief aus Leibeskräften: «Papa! Papa!»

Die Kinderhorde hielt einen Augenblick im schönen Spiel inne. Manchmal war mit Vätern nicht zu spaßen. Als aber kein heranstürmender Vater gesichtet wurde, sangen sie im Chor: «Heulsuse! Heulsuse!»

Wieder rief das Mädchen mit hoher, heller, durchdringender Stimme: «Papa! Papa!»

Aber nicht der Vater, sondern die Freundin wurde aufmerksam. Sie horchte und sagte dann: «Hör mal! Das ist die Stimme von deinem Lieschen!» Sie wartete gar nicht auf ihn, sprang auf und rannte in Strümpfen los, hinkte, stolperte und fluchte ganz undamenhaft über den schmerzenden Knöchel. Der Vater holte sie erst beim Spielplatz ein.

Die Hexe rechnete mit einer schönen Szene. Ein verständnisloser Vater, eine Freundin, der auch noch der Rest des Tages verdorben worden war. Jetzt mußten sie das Kind nach Hause bringen.

Und dann kam alles ganz anders. Die junge Dame mit dem zerrissenen Kleid und den Strümpfen voller Laufmaschen kniete auf dem staubigen Platz vor dem Kletterpfahl, hielt Lieschen in den Armen und tröstete sie. Der Vater wischte mit dem blutigen Taschentuch die Tränen von dem roten Gesicht, scheuchte die Kinder fort und nahm die kleine Tochter vorsichtig auf den Arm.

«Lieschen!» sagte er. «Armer Spatz, was ist mit dir? Wie kommst du hierher? Du zitterst ja. Jetzt ist alles gut. Beruhige dich, Lieschen.»

Er redete auf sie ein, trug sie zum Auto und sagte dann laut und deutlich: «Verdammt!»

«Ich hole einen Stein, wir schlagen das Fenster ein und schließen kurz», schlug die Freundin vor. «Anders geht es nicht.»

Ein Mann, der in der Nähe gerade seinen Wagen aufschließen wollte, kam neugierig näher. «Wo fehlt's denn?»

«Wir haben den Schlüssel verloren», sagte die Freundin, «und das Kind hat Sonnenbrand.»

Der Vater stellte erfreut fest, daß sie «wir» gesagt hatte, wo sie doch auch «er» hätte sagen können.

Der fremde Mann kratzte sich den Kopf und dachte nach. Er senkte den Blick, bückte sich, hielt den Autoschlüssel in der Hand und grinste breit. «Wie wär's denn, wenn Sie den nehmen? Er hat im Schatten unter dem Wagen gelegen.»

Die drei erwachsenen Menschen lachten so herzlich, daß sogar das Kind einen leisen Laut, der wie der Anfang eines Lachens klang, zustande brachte.

Die Hexe war fuchsteufelswild. Vertane Arbeit, vergebliche Liebesmüh. Mitleid mit einem Kind, und Menschen, mit denen nichts Schlechtes anzufangen war. Man konnte sich nicht auf sie verlassen. Faul und friedfertig – und dann auch noch lachen!

Als sie endlich zu ihrem Haus kam, lag der Kater auf der Schwelle und fragte: «Hast du gut gehext?»

Sie schob ihn verächtlich mit dem Fuß fort. «Im Sommer hexe ich nicht. Das solltest du allmählich wissen. Im Sommer nie!»

Verzauberter Mittag

Auf der Sonnenuhr wies ein kurzer, stämmiger Schattenstrich auf die zwölfte Stunde. Der Park schlief in der Sommerhitze, selbst die Spatzen, die den ganzen Morgen über hurtig über die Wege gehüpft waren, saßen nun auf den untersten Ästen des Lebensbaums. Der weiße Kies auf den Promenadenwegen strahlte so viel Hitze aus, daß die Luft über ihm flimmerte. Nun holten die Glocken von Sankt Johann aus und schlugen mit tiefem Dröhnen zwölfmal. Nur noch die Nachzügler der Reisegesellschaft, die an diesem Morgen das Schloß besichtigt hatte, gingen ermattet auf die hohen, verschnörkelten schmiedeeisernen Torflügel zu, die Park und Schloß von der übrigen Welt trennten.

Das Bronzepferd, das die Menschen hinter der Wegbiegung verschwinden sah, schnaubte einmal leise und höflich, um den Pfauenaugenfalter, der auf seiner Stirn ein Sonnenbad nahm, nicht zu erschrecken. Der Falter probte einige Male seine Flügel und schwebte dann über die Wiese davon. Das Pferd, das vom Bildhauer kämpferisch auf die Hinterhand gestellt worden war, ließ sich wohlig auf die Vorderbeine fallen, und sein Reiter, dessen steifer Arm schon so lange den Hut hatte schwenken müssen, tat das, was in dieser Mittagshitze angebracht war: Er setzte den großen Federhut auf seine wallenden Haare, zog ein seidenes Tuch aus der Tasche und wischte sich über die Stirn.

«Mittag!» verkündete währenddessen der in ein faltiges Tuch gekleidete Herr, der die linke Seite des Schloßportals trug, in die blaue Luft hinein. Er ließ seine Muskeln abschwellen, bückte sich ein wenig, senkte die Arme und fing eben noch das Tuch auf, ehe es ganz über seine Hüften rutschte. Er machte es sich auf der Treppenstufe vor seinem Standplatz bequem und wartete, bis die stattliche Dame zu seiner Rechten das Sims losgelassen hatte, das auch ohne ihre Hilfe nicht abbrach. Sie drapierte mit geschickten Fingern ihre Hüllen und setzte sich dann mit einem steinernen Plumps neben ihren Gefährten.

Über ihnen verzogen die beiden marmornen Engel, von denen nur Köpfe, Flügel und runde Ärmchen mit Grübchen zu sehen waren, ihre süß lächelnden Gesichter zu bitterbösen Grimassen. In der bronzenen und steinernen Gesellschaft trumpften sie damit auf, daß nichts so anstrengend sei, als ständig zu lächeln, und daß es nur einen Ausgleich gebe, nämlich Grimassenschneiden.

Das Karyatidenpaar wandte ein, mit freundlichem Gesicht ein Portal zu tragen, sei doch wohl schwieriger.

«Was heißt hier tragen?» fragten Roß und Reiter einstimmig. Man sehe doch, daß...

Aber plötzlich erstarrte der Herzog zu Pferde mitten im Wort, riß den Hut vom Kopf und schwenkte ihn grüßend vor der reizenden Göttin Diana in ihrem kurzen griechischen Hemdchen mit der Mäanderkante. Sie kam aus ihrem Tempelchen auf Sandalen geschritten, und ihr folgte der edle Hirsch, auf dessen Rücken ihr sieghaftes Füßchen sonst zu ruhen pflegte. Beide schüttelten sich ganz unklassisch und genossen als einzige die Sonnenwärme.

Als einzige? Niemand aus ihrer Runde hatte die kleine Eidechse bemerkt, die sich auf der Mauer der Rosenterrasse sonnte. Aber die Eidechse tat es mit solcher Inbrunst, daß sie auf nichts achten konnte. So versäumte sie auch den Augenblick, da das Plaudern verstummte und der Gott mit den Bockshörnern, dessen Körper aus einer Säule herauswuchs, die Flöte an die Lippen setzte und zu spielen begann. Sie schreckte erst auf, als die Glocken einen einzigen schweren Schlag taten und die schönste der roten Rosen einige Blätter über sie streute. Da huschte die Eidechse davon, und alles war, wie es immer gewesen war: Das Pferd bäumte sich, der Reiter schwenkte den Hut, Herr und Dame trugen mit

Muskeln und Anmut das Portal, die Engel lächelten ihr süßes Lächeln, und Dianas Sandale ruhte auf dem Rücken des Hirsches. Nur im Schatten der Büsche lächelte der Gott mit der Flöte noch eine Weile unergründlich vor sich hin, bis er in Schlaf versank.

Schabernack

Der Kobold war ins Haus gezogen und hatte sich im Keller gut eingerichtet. Er wohnte behaglich in einer Zigarrenkiste. Es hätte lange so weitergehen können, aber eines Tages dachte sich der Hausherr etwas aus, das er Kelleraufräumen nannte.

Bisher hatte der Kobold nichts an seinem Menschen auszusetzen gehabt. Er lebte oben im Haus, machte keinen Lärm, spielte hin und wieder und dann nicht laut Klavier, sang höchstens mal in der Badewanne und hatte eine Freundin, die leise sprach.

Der Kobold haßte schrille Frauenstimmen.

Aber das Kelleraufräumen! Sein Mensch hatte Spinnweben gefegt und dabei die Kreuzspinne, die Freundin des Kobolds, um Haus und Hof gebracht. Sie mußte sich mit einem verzweifelten Sprung hinter das große Regal retten. Seitdem zitterte sie am ganzen Körper. Doch das war nur der Anfang gewesen. Kaum hatte der Mann gefegt, räumte er in den Kisten und Kasten herum. Er nahm das Haus des Kobolds in die Hand, hob

das Dach ab und zerstörte mit plumpen Fingern nicht nur die Einrichtung, sondern erdrückte um ein Haar den armen Bewohner. Dann warf er ihn samt der Zigarrenkiste auch noch in einen Abfalleimer. Der Kobold war mühselig herausgeklettert und hatte sich zur Kreuzspinne gerettet. Jetzt saßen sie zusammen auf dem nackten kalten Kellerboden und vergossen bittere Tränen.

Als der Kobold sich ausgeweint hatte, sann er auf Rache.

Die Kreuzspinne gab in Sachen Rache keine nützlichen Ratschläge. Kaum war die letzte Träne getrocknet, machte sie sich emsig daran, ein neues Netz zu spinnen.

«Alles muß man allein machen!» murrte der Kobold wütend.

Ein Kobold, sagten die Menschen, ist ein häßlicher Hausgeist, der Wohlstand bringt, aber auch Schabernack treibt.

Er richtete sich notdürftig ein Lager in den Falten eines alten Vorhangs ein, den der Mann über ein paar ausrangierte Stühle gedeckt hatte. Dann begann er nachzudenken. Am Ende war ihm so viel eingefallen, daß er nicht mehr stillsitzen konnte. Er sprang auf, hüpfte durch den Keller und ging ans nächtliche Werk.

Der Mann, er hieß Martin, wußte nichts von seinem Hausgeist. Er wachte am Morgen gutgelaunt auf, sprang aus dem Bett – und schlug der

Länge lang hin. Die Prellung auf der Hüfte tat gemein weh; die fröhliche Stimmung war verflogen. Als er Kaffee kochte, glitt ihm der Glastopf samt Filter aus der Hand, die braune Brühe floß in der Küche herum; er watete durch Glasscherben und konnte sich kaum bücken, weil ihn Hüfte und Oberschenkel sehr schmerzten. Fluchend machte er oberflächlich Ordnung und mußte auf den Kaffee verzichten, weil die Zeit knapp wurde. Das nächste Ungemach erwartete ihn vor der Garage. Er schob den Schlüssel ins Schloß, drehte ihn um; es machte knacks, der Bart war im Schloß abgebrochen. Diesmal fehlte ihm die Kraft zum Fluchen, er brummte nur dumpf vor sich hin, humpelte zum Haus zurück und holte Handwerkszeug. Nach einer halben Stunde schob er ächzend das Tor hoch, dessen Schloß nicht mehr zu gebrauchen war.

«Jetzt fehlte bloß, daß der Wagen nicht anspringt», flüsterte er hellseherisch. Er sollte recht behalten.

Nun erstreckt sich die Macht eines Kobolds nur auf Haus und Garten, und darum drohten Martin keine Gefahren mehr, als er gegen zehn Uhr endlich mit einem Taxi zum Büro fuhr. Allerdings riß der Fahrpreis ein tiefes Loch in seine Tasche. Die Dinge, die sich dann ereigneten, hingen damit zusammen, daß ein schlecht begonnener Tag sich selten zum Guten wendet. Wer mit Katastrophen rechnet, bekommt sie geliefert. Sie waren nur kleinerer Art, aber sie summierten sich.

Ein in der Schublade eingeklemmter Zeigefinger, dessen Nagel sich blaurot färbt, tut gemein weh. Martins Sekretärin kam mit Mitleid und Heftpflaster.

Wegen des schmerzenden Fingers mußte er den Füller falsch gehalten haben, denn als er einen Vertrag unterschreiben wollte, wurde der Füller zu einem Leerer und tropfte blaue Tinte auf die Unterschriften.

Martin versank in Trübsinn.

Beim Griff nach dem Telefon gelang es ihm, die Blumenvase umzukippen. Er ergriff die Flucht und rettete sich in die Kantine, wo er sich prompt Tomatensuppe auf die neue helle Hose kleckerte. Nun endlich schlug seine Stimmung um, und er begann zu lachen.

«Heute wäre ich, weiß der Himmel, besser im Bett geblieben», sagte er zu seinen Kollegen am Tisch und berichtete vom Verlauf des Vormittags.

Am Nachmittag geschah nichts Nennenswertes. Seine Sekretärin benahm sich wie eine Glukke, die auf ihr Küken aufpaßt.

«Stützen Sie sich bloß nicht auf den Sims», mahnte sie voller Angst, als er am offenen Fenster Luft holen wollte. «Ihnen ist zuzutrauen, daß Sie mitsamt der Brüstung auf die Straße fallen!»

Dank der guten Bewachung fiel er weder aus

dem Fenster, noch stürzte er in den Liftschacht. Er wartete beim Portier, bis seine Freundin mit dem Auto kam, um ihn abzuholen. Am Telefon hatte er ihr in solchen Jammertönen alles Ungemach aufgezählt, daß sie mitleidig, wenn auch lachend versprach, ihn sicher nach Hause zu fahren.

Der Kobold war nicht untätig geblieben; er hatte Hübsches vorbereitet. Das Erscheinen der Freundin mit der angenehmen Stimme hatte er allerdings nicht eingeplant. Auf sie war er nicht böse; seine Überraschungen galten nicht ihr.

Jetzt stand sie neben Martin vor der Garage mit dem demolierten Schloß und sagte, das sähe böse aus und kostete bestimmt viel Geld. Danach ließ sie sich von ihm den Autoschlüssel geben, stieg ein und ließ den Motor starten. Er erwachte sofort zum Leben und schnurrte vor sich hin.

Martin war fassungslos. Trotz der geprellten Hüfte zwängte er sich hinter das Steuer. Der Motor orgelte laut und unwillig und erstarb.

Nachdem sie den Versuch dreimal wiederholt hatten, verstanden sie die Welt nicht mehr. Die Freundin, eine kluge junge Frau, enthielt sich jedweder Bemerkung.

Sie sagte auch nichts, als im Bad, nachdem Martin sich die Hände gewaschen hatte, der Wasserhahn den Dienst versagte, sich nicht zudrehen ließ und fröhlich Wasser sprudelte. Martin mußte in den Keller hinken und die Zuleitung zum Bad absperren. Die Freundin wischte stumm das übergelaufene Wasser auf.

Erst als er den Kessel für das Teewasser füllen wollte, den Griff in der Hand behielt und der Kessel inmitten der nächsten Wasserlache mit herausgerissenen Nieten und einer dicken Beule auf dem Küchenboden lag, konnte sie nicht länger schweigend zusehen.

«Geh ins Wohnzimmer», beschwor sie ihn. «Setze dich in den Sessel und rühre dich nicht von der Stelle!»

Steifbeinig und mit gesenktem Kopf verschwand er durch die Tür. Sie horchte hinter ihm her und machte sich erst an die Arbeit, als keine Schreckensrufe oder bedrohliche Geräusche zu ihr drangen.

Als sie mit dem Tablett mit Broten und Tee ins Zimmer kam, war doch etwas nicht in Ordnung. Der Fernsehapparat gab kein Bild und keinen Ton von sich.

Sie dachte an das Auto und fragte zögernd: «Soll ich mal?»

Der Apparat brach in Bilder und Töne aus.

«Jetzt du!» forderte sie ihn auf.

Nichts.

«Hast du eine Erklärung?» fragte sie.

«Ein grünes Männchen. Ein Außerirdischer hat sich in mir eingenistet.»

Der Kobold, der es sich in der freien Sofaecke

bequem gemacht hatte, lachte vor sich hin. Dann aber spitzte er die Ohren, um sich kein Wort entgehen zu lassen.

«Hast du, seit wir uns zuletzt gesehen haben, etwas Ungewöhnliches getan?» wollte sie wissen. «Im Garten oder im Haus?»

«Was meinst du mit ‹ungewöhnlich›? Denkst du an Gespenster?»

«So etwas Ähnliches. Überlege! Was könnte es sein?»

«Gestern habe ich mich aufgerafft und den Keller aufgeräumt.»

«Aha.»

«Wieso aha? Könntest du die Güte haben, mir zu erklären, was in deinem Kopf vor sich geht? Kommst du jetzt mit den Heinzelmännchen, die ich unachtsam fortgefegt habe? Das kann doch nicht dein Ernst sein!»

Sie zog die Schultern hoch. «Irgendwen oder irgend etwas mußt du gegen dich aufgebracht haben. Warum werden nur dir Streiche gespielt, und ich bleibe verschont?»

Der Kobold und die junge Frau fanden es rührend, daß er sich nicht empörte, weil sie an Geister glaubte, sondern sich nur zu verteidigen suchte. «Aber ein Mensch muß doch mal seinen Keller aufräumen! Was tust denn du?»

Sie errötete leicht. Martin fand, daß sie in ihrer Verlegenheit bezaubernd aussah. Der Kobold neigte nicht zu raschen Gefühlsäußerungen.

«Ach, ich spreche mit allem Lebendigen – auch mit Wesen, die ich nicht sehen kann. Ich bitte eine Hummel, einen Moment zu warten, damit ich ihr das Fenster aufmachen kann. Hinter meiner Wohnungstür ist ein Spinnweben, das ich nie wegfege. Es gehört meiner Hausspinne. Ja, und wenn ich den Keller putzen will, warne ich die Bewohner vorher: ‹Morgen muß ich euch stören›, sage ich ihnen. ‹Es tut mir leid. Seht euch bitte vor.›»

Nach diesem Tag hatte Martin nicht den nötigen Mut, ihr eine Liebeserklärung zu machen. Er stemmte sich statt dessen aus dem Sessel hoch und fragte: «Glaubst du, daß ich ohne Katastrophe bis in die Küche komme, um uns eine Flasche Sekt zu holen?»

Der Kobold hatte für diesen Spezialfall nichts vorbereitet. Daher gelang es Martin, die Flasche zu öffnen und die Gläser einzuschenken. Er seufzte erleichtert auf und zog aus der Jackentasche einen Eierbecher, in den er einen winzigen Schluck Sekt goß. Er lachte verlegen. «Das ist für den unsichtbaren Hausgeist. Ich möchte ihn versöhnen. Vielleicht trinkt er auch gern Sekt.» Er stellte den Eierbecher in eine dunkle Zimmerecke.

Der Kobold fand das alles recht nett, aber so schnell ließ er sich nicht versöhnen. Sein Programm für den Menschen war noch nicht zu

Ende. Als Martin mit dem Glas in der Hand aufs Sofa umzog und sich der Freundin auf Tuchfühlung näherte, rettete er sich mit einem kühnen Sprung. Was da jetzt stattfand, paßte ihm auch nicht. Er war sehr dafür, daß die freundliche junge Frau ins Haus zog, aber nur, wenn er dabei die Hand im Spiel hatte. Das betrachtete er als seine Aufgabe. Sollte sein Mensch erst noch ein bißchen zappeln. Der Kobold war gegen von ihm unbeeinflußte Entwicklungen.

In die zärtlichen Entwicklungen auf dem Sofa drang ein gefährlich klingendes Knirschen. Die beiden Menschen fuhren auseinander. Im nächsten Augenblick krachte der Deckenleuchter vor ihnen auf den Teppich. Glasscherben und Mörtelbrocken trafen sie, ließen die Freundin unverletzt, sorgten aber für einen langen Schnitt auf Martins Stirn.

Die Suche nach Pflaster, das Zusammenkehren von Scherben und endlich noch das Gebrumm des Staubsaugers wirkten als Gegengift gegen Zärtlichkeit. Die junge Frau stellte sich auf die Zehenspitzen, küßte Martin halb auf die Stirn, halb auf das Pflaster und lächelte ihn an. «Ein andermal, mein Lieber. Heute ist es mir bei dir zu gefährlich.» Danach stieg sie ins Auto und fuhr nach Hause zu ihrer Spinne.

Der Kobold war mit sich zufrieden. Er hüpfte leicht schwankend und sehr vergnügt in den

Keller. Auf dem Vorplatz stand der Wäscheschrank seines Menschen. Eine hübsche, von Martins Urgroßmutter gestickte Borte zierte die Ränder der Fächer. Der Kobold zwängte sich durch den Spalt der Schranktür, kuschelte sich in eine Moltondecke und sagte sich den gestickten Vers auf.

Tages Arbeit! Abends Gäste!
Saure Wochen! Frohe Feste!

Gleich darauf schnarchte er leise und zufrieden vor sich hin.

Katergeschichte

Der Kater war der Hexe ausgerückt und wandelte auf Liebespfaden. Eine schöne Kartäuserdame hatte es ihm angetan. Ihr Fell war weich und von sanftem Grau, und die Grazie ihrer Bewegungen beraubte ihn fast seiner Sinne. Er hatte sich den Nachmittag lang geputzt und gewaschen. Leider besaß die Hexe keinen Spiegel, und nun wußte er nicht genau, ob er so schön war, wie er sich fühlte.

Zum Glück hatte er ein Gespräch zwischen der Hexe und dem Hexenmeister nicht gehört.

«Dein Kater ist der Gipfel an Häßlichkeit. Ich habe noch nie ein so schauderhaftes Vieh gesehen. Warum ersäufst du ihn nicht in einem Sack?»

«Ich bin an ihn gewöhnt», sagte die Hexe. «Er ist ein guter Mauser und auch sonst gelehrig. Er hat schneller sprechen gelernt als alle meine früheren Kater. Ich behalte ihn. Zum Ersäufen ist immer noch Zeit.»

«Weißt du eigentlich, wie sie dich auf dem Blocksberg nennen? ‹Die Hexe vom Waldrand mit dem räudigen Kater›.»

«Also, räudig ist er nicht.» Die Hexe kicherte.

«Die kahlen Stellen im Fell hat er, weil ich mal wütend war und ihn ins Feuer geworfen habe. Aber gib dir keine Mühe, ich behalte ihn.»

Der Kater fand sich unwiderstehlich. Er lief den weiten Weg zum Haus der Kartäuserkatze Katinka durch Büsche, Felder und taunasse Wiesen. Als er ankam, war er struppig und außer Atem. Er mußte sich auf dem Dach des Geräteschuppens ausruhen, bis er wieder bei Stimme war. Dann begann er das Ständchen. Er sang in steigenden und fallenden Kadenzen, legte eine Koda ein, hub nach gebührender Pause wieder an, ging in ein Tremolo über und teilte Katinka und der Welt mit, welch herrliches Gefühl die Liebe war.

«Es ist nicht zum Aushalten», sagte der Mann, der bei Katinka wohnte. «Hast du schon mal etwas so Grauenvolles gehört?» Die Frau aus Katinkas Haus, von ihr bevorzugt, weil sie recht gut kochte, saß neben ihm kerzengerade im Bett. Sie hörte zu, schüttelte sich und sagte: «Nein. Es ist nicht wie der Kindermord von Bethlehem; es ist viel schlimmer. Es ist die Hölle!»

Katinka, die Schöne, die Verwöhnte, die Liebreizende, wurde oft bewundert und war daran gewöhnt. Es gab einen Siamkater, mehrere undefinierbare Katzenmänner aus dem Ort und nun auch einen zugezogenen tibetanischen Klosterkater. Als der Gesang des Hexenkaters erscholl, stand sie aus dem Korb auf, stieg auf leisen

Pfoten die steile Treppe zum Dach hinauf, war mit einem Sprung durch die Dachluke und nahm neben dem Kamin Platz. Ihren schönen Schwanz legte sie in einem anmutigen Bogen halb um die Kaminmauer. Sie betrachtete den neuen Bewerber aus schmalgeschlitzten kupferfarbenen Augen. Schwarz, sehr schwarz. Das war nicht neu. Sie hatte schon schwarze Kater erhört. Er war nicht groß, dabei bevorzugte sie Herren, die größer waren als sie. Auch die Breite seines Kopfes ließ zu wünschen übrig. Aber seine Stimme! Katinka ließ sich betören.

Als der Kater die nächste Arie beendet hatte, setzte er zu einem waghalsigen Sprung an, landete auf dem Dach und näherte sich seiner Angebeteten steifbeinig.

«Guten Abend», sagte er mit dunkel rollendem Timbre.

«Miau», antwortete Katinka, wusch hingebungsvoll ihre Pfote und beobachtete weiter. Als erstes stieß sie auf das Wort rustikal: rustikaler Charme. Bei genauerem Hinsehen änderte sie ab: Primitivität, Brutalität. Und dann endlich fand sie es: urwüchsig.

Sie erschauerte in dumpfer Vorahnung des nie Erlebten. Endlich gab sie ihr Schweigen auf und stimmte leise in ein Duett mit ihm ein. Aber schon sehr bald überwand die Begeisterung alle Hemmungen. Sie sang lauthals mit.

Der Mann und die Frau sahen sich an und

begannen plötzlich zu lachen. «Erinnerst du dich», fragte die Frau, «wie lange das sonst gedauert hat?»

«Keine Ahnung», sagte der Mann prustend. «So scheußlich war es noch nie. Bei der Katzenmusik kann man nicht schlafen. Komm, wir gehen runter und kochen uns einen Kaffee. Und wenn es dann noch nicht aufgehört hat, nehme ich den Gartenschlauch und jage sie vom Dach. Sollen Sie sich anderswo amüsieren.»

Nach dem Kaffee war die Katzenserenade auf dem Dach keineswegs zu Ende. Sie strebte dem Höhepunkt entgegen.

Der Mann ging in den Garten, legte den Kopf in den Nacken und sah im hellen Mondschein, daß Katinka sich diesmal einen besonders häßlichen Freier ausgesucht hatte. «Ich hätte dir einen besseren Geschmack zugetraut, Katinka», sagte er laut. «Der ist ja häßlich wie die Nacht. Und seine Stimme erst!»

«Schnauze!» raunzte der Kater, der bei der Hexe in die Schule gegangen war, aber nicht wußte, daß gerade seine Hexe nicht in den feinsten Kreisen verkehrte.

Dem Mann blieb der Mund offenstehen. Er rannte ins Haus, zerrte seine Frau nach draußen und sagte: «Rede mit den Katzen!»

«Bist du wahnsinnig? Was sollte ich denn sagen?»

«Irgend etwas. Rede mit ihnen!»

«Hört auf!» rief die Frau zum Dach hinauf. «Das ist ja nicht zum Aushalten!»

«Schleich dich», murrte der Kater. «Wir sind noch nicht fertig.»

Der Mann und die Frau suchten die halbe Nacht nach dem Nachbarn, der sich versteckt haben mußte, um ihnen einen Streich zu spielen.

Katinka traf sich in den folgenden Tagen mit dem Hexenkater auf halbem Wege. Sie konnten so laut singen, wie sie wollten, und niemand störte sie.

Nach angemessener Zeit genas Katinka zweier reizender Knäblein. Eines war grau, eines schwarz. Ihre Menschen betrachteten die Kinder neugierig, lobten Katinka und sagten untereinander, daß es so sehr gut sei, denn für zwei kleine Kater ließen sich leichter Abnehmer finden. Nach einigen Wochen hefteten sie einen Zettel an den Zaun und wiesen auf die Katzenkinder hin.

Bald darauf kam eine kleine alte Frau, die an dem schwarzen Katerchen Gefallen fand. Sie machte auf die Menschen einen guten Eindruck und bekam ihn geschenkt.

Als die Hexe nach Hause kam, sagte sie zum Kater: «Der könnte dein Sohn sein. Sieh ihn dir an. Allerdings ist er hübscher als du. Ich habe endlich ein gutes Geschenk für den Hexenmeister. Du kannst dich beruhigen; der Kleine wird nicht lange hierbleiben.»

Der Hexenkater hatte keine väterlichen Gefühle. Ihm war es gleichgültig. Er übte gerade eine Belkanto-Arie, die er der dreifarbig getigerten Katze auf dem nahe gelegenen Bauernhof vorsingen wollte.

«Hoffentlich wird er sehr frech», sagte er zur Hexe. «Ich kann den Hexenmeister nämlich nicht leiden.»

«Er dich auch nicht.» Die Hexe lachte und versuchte, ihn zu treten. Aber der Kater war schneller.

Nächtliches Eisenbahngespräch

«Sie war eine kleine alte Frau», erzählte der Mann im Zug seinem Gegenüber. «Eine russische Emigrantin. Sie wohnte im Nebenhaus. Wenn ich mittags aus der Schule kam, bin ich ihr oft begegnet. Das war die Zeit ihres täglichen Spaziergangs, ein Stückchen die Straße hinunter, dann kehrte sie um und ging mühselig wieder zurück. Sie war klein und hutzelig und sicher sehr alt. Ich weiß nicht, woran es lag, aber ich hatte eine so tiefe Abneigung gegen sie, daß mein Herz zu klopfen begann, wenn ich sie nur von weitem sah. Ich bin immer auf die andere Straßenseite gegangen, um ihr nicht begegnen zu müssen. –

Das ist alles so seltsam, wissen Sie, denn ich war vierzehn Jahre alt, hatte nie mit ihr geredet, wußte nichts über sie und hatte auch in meinem Elternhaus oder in der Nachbarschaft nie etwas Nachteiliges über sie gehört. Im übrigen war ich ein ganz normaler Junge, der Fußball spielte, Freunde hatte und keineswegs zu ausgefallenen Gefühlen neigte.»

Die Augen des Erzählers suchten im dämmrigen Licht der halbverdunkelten Lampen das Gesicht des anderen Reisenden. Die Räder ratterten leise und eintönig. Er lehnte sich zurück und sah auf die Fensterscheibe, die wie ein stumpfer Spiegel das Innere des Abteils aufnahm und zurückwarf.

«Eine so heftige Abneigung habe ich nie wieder empfunden. Ich habe oft darüber nachgedacht, aber nie eine Erklärung gefunden. Wenn sie äußerlich entstellt oder gar zerlumpt gewesen wäre, wenn sie sich mir aufgedrängt hätte... Aber sie tat nichts. Sie ging langsam spazieren und achtete nicht auf mich. Sicher hat sie sich am Sonnenschein erfreut und an längst vergangene Geschehnisse gedacht.

Ich bin heute noch froh, daß sie nicht ahnen konnte, welche Qual es mir bereitete, mit meiner Mutter über die Straße zu gehen, denn sie sprach manchmal mit ihr. Ich stand dann daneben und spürte, wie mich diese grauenvolle, sinnlose Aversion packte. Meine Zähne hätten geklappert, wenn ich es nicht mit aller Kraft unterdrückt hätte.

Meine Knie wurden weich, und ich habe es nicht über mich gebracht, ihr die Hand zu geben. Schrecklich war auch, daß ich mit niemandem darüber sprechen konnte. Wie soll man als Vierzehnjähriger Erwachsenen begreiflich machen, was man empfindet? Vor allem, wenn es etwas so

Unfaßbares und Unerklärliches ist? – Ich habe mich gezwungen, ihr nicht auszuweichen; ich bin auf der Bordsteinkante an der alten Frau vorbeigegangen und habe mit abgewandtem Gesicht einen Gruß gemurmelt. Als mir das zweimal gelungen war, habe ich mir befohlen, sie nun auch anzusehen. Aber das konnte ich nicht. Ich habe mich geschüttelt und bin gerannt.»

«Und wie ging alles zu Ende?» fragte der andere Mann, dessen Gesicht im fahlen Blau der Nachtbeleuchtung verschwamm.

«Sie starb eines Tages. Meine Mutter erzählte es beim Mittagessen. Sie hatte es von Bekannten gehört, die mit der alten Frau im selben Haus wohnten.

Ich war erleichtert und gleichzeitig um etwas beraubt. Ich konnte nun nie mehr herausbekommen, was zwischen mir und ihr spielte. Wenn sie heute noch lebte, würde ich zu ihr gehen und mit ihr sprechen. Ich würde versuchen herauszufinden, was es war. – Falls ich es fertigbrächte!

Denn jetzt, während ich Ihnen diese Geschichte erzählt habe, bin ich wieder zu dem Jungen geworden, der mit zusammengebissenen Zähnen an einer alten Frau vorbeistolpert und von Gefühlen gepackt wird, die er sich nicht erklären kann, die er sich auch nicht erklären können wird, wenn er ein alter Mann von achtzig ist. Es ist etwas, das einen durch das Leben begleitet.»

Er schwieg, starrte weiter auf die Fensterscheibe und spürte die unbequeme Stille, die entsteht, wenn etwas erzählt worden ist, das nicht hätte erzählt werden sollen. Im Abteil saßen zwei Männer; aber es war noch ein Drittes da: böse, unbegreiflich, verwirrend und uralt.

Die Hexe in der Stadt

Die Hexe stand in der Speisekammer und betrachtete mit Wohlgefallen die Arbeit der vergangenen Wochen. Einmachgläser mit Tollkirschen, kandierte Einbeeren, kleine Flaschen mit Wolfsmilch, Bündel getrockneter Giftkräuter wie Maiglöckchen, Eisenhut, Fingerhut und Knabenkraut. In Blechdosen lagen Sämereien. Sie backte nach einem alten Rezept mit gemahlenem Goldregensamen einen Kuchen, der in Hexenkreisen großen Anklang fand. Der Winter konnte kommen. Sie war gerüstet.

Der Hahn, der gern naschte, kam durch die offene Tür hereinspaziert und pickte mal hier und mal dort.

«Scher dich raus!» sagte die Hexe. «Du solltest wissen, daß du Bauchgrimmen bekommst, wenn du an meine Vorräte gehst.» Sie scheuchte ihn in die Küche, schubste den Kater von der Ofenbank, setzte sich und begann ein Selbstgespräch.

«Ich könnte mir jetzt ein, zwei Tage freinehmen und endlich wieder richtig hexen. Im Sommer ist es nicht gut gelaufen. In letzter Zeit habe ich mich um den Garten, die Ernte und die Wintervorräte kümmern müssen. Auf den Hexenmeister ist auch kein Verlaß. Er hatte mir einen Zauberlehrling versprochen und es sich sogar in sein Notizbuch geschrieben. Typisch: Erst große Reden schwingen, daß seine jungen Leute von uns erfahrenen Hexen lernen können, daß man sich gegenseitig helfen muß, und dann – nichts! Kein Zauberlehrling, keine Hilfe. Alles muß man allein machen.»

Die Hexe unterbrach sich selbst. Sie ging zum Herd und kochte sich Kaffee. Es war ein ausgefallenes Getränk für eine Hexe, aber sie hatte immer schon einen besonderen Geschmack gehabt. Lästig war nur, daß sie ihn bei den Menschen kaufen mußte. Immer das leidige Umziehen und der Ritt auf dem Besen. Konnte sie doch nicht mehr ins nächstgelegene Dorf, weil dem Mann im Laden aufgefallen war, daß das Auftauchen und spurlose Verschwinden der alten Dame sich mit dem Verschwinden von Kaffeepackungen aus dem Regal deckte. In der Stadt, dachte die Hexe, macht sich das sicher leichter.

«Stadt!» sagte sie jetzt. «Wie lange bin ich nicht mehr in einer Stadt gewesen!»

Der Kater horchte auf. «Du willst doch wohl nicht verreisen?» fragte er. «Was soll da aus mir und dem Hahn werden? Wer sorgt für uns?»

«Du bist faul und fett. Es schadet dir nichts,

wenn du mal für dich selbst sorgen mußt. Eine Mäusediät soll für Katzen sehr gesund sein.»

«Und ich?» krähte der Hahn.

«Du kannst auf die abgeernteten Kornfelder fliegen und dir was suchen.»

«So weit kann ich nicht fliegen. Das weißt du.»

«Dann mußt du es eben in Etappen machen», sagte die Hexe ungerührt.

Nachdem alles geregelt war, traf die Hexe ihre Reisevorbereitungen und flog an einem schönen Herbsttag die weite Strecke bis zur großen Stadt. Sie kam am Abend ermattet an – sie war nicht mehr die Jüngste – und stieß auf Schwierigkeiten, mit denen sie nicht gerechnet hatte. Sie nahm, nach einem so weiten Flug endlich gelandet, sofort Gestalt an. Bis sie sich wieder unsichtbar machen konnte, vergingen einige Stunden. Auf den Straßen fuhren zu viele Autos, auf den Höfen und Plätzen waren zu viele Menschen, und in den Parks wimmelte es von seltsamen Gestalten, die die Hexe erst nach längerem Beobachten als junge Menschen erkannte. Als sie, niedrig fliegend, in einem Park bei einem Gebüsch eine Bank sah, auf der ein schlafender Mann lag, landete sie. Sie würde ihn nicht wecken, aber im Buschwerk hinter der Bank ließ sich der Besen gut verstecken.

Als das erledigt war, besichtigte sie neugierig

den Schlafenden, nur daß der gar nicht schlief, sondern zu ihr aufsah, breit grinste und fragte: «Wo kommst du denn so plötzlich her, Oma? Hast du noch Schnaps? Meiner ist alle.» Er verzog das Gesicht und wurde weinerlich. Die Hexe hatte schon von betrunkenen Menschen gehört, aber keinen näher kennengelernt. Wenn Hexen und Zauberer tranken, stimmte sie das fröhlich. Dieser Mensch wechselte die Stimmung sprunghaft. Er war auch sehr schmutzig.

«Nein, ich habe keinen Schnaps.»

«Was willst du dann? Das ist meine Bank. Ich schlafe hier immer.»

«Sie schlafen doch gar nicht», stellte die Hexe fest.

Der Mann setzte zu einer umständlichen Erklärung an und richtete sich dazu auf. Die Hexe, die nun wirklich sehr müde war, nahm am äußersten Bankrand Platz und raffte ihren weiten Rock enger.

«Zum Schlafen ist es zu früh, und wenn ich nicht noch Schnaps bekomme, kann ich nicht schlafen. Wenn ich aber erst nach elf Uhr in den Park gehe, glauben meine Kumpel, daß ich im Asyl übernachte, und nehmen mir die Bank weg. Kapiert? Jetzt bleibt das Problem: Wie kommen wir beide an Schnaps? Hast du Geld?»

Die Hexe hatte für Notfälle einige Münzen und Scheine eingesteckt. Zum Hexen war sie zu müde; sie wollte nur auf der Bank sitzen bleiben.

Dafür opferte sie gerne Geld, zumal es sich leicht wieder beschaffen ließ.

Der Mann strahlte, griff nach dem Schein, ja, riß ihn ihr aus der Hand und stolperte schwankend davon. Über die Schulter rief er: «Warte auf mich. Ich komme gleich wieder!»

Die Hexe hegte Zweifel, aber es war ihr nicht wichtig.

Nach einer halben Stunde wartete sie immer noch. In der Nähe tauchten zwei der merkwürdigen Wesen auf. Beide trugen schwarze Lederanzüge mit Reißverschlüssen und Plaketten, und sie waren mit blanken Ketten behängt. Der eine hatte eine Glatze, obwohl er ganz jung aussah, der andere mußte eine Krankheit haben. Nur ganz oben auf dem Kopf trug er eine Art Hahnenkamm aus Haaren, die unten rot und oben grün waren. Die Hexe sah ihnen neugierig entgegen.

«'ne Omma! Bei uns im Park! – Du hast dich wohl verirrt, was, Omma?»

«Verirrt nicht», sagte die Hexe höflich. «Ich möchte mich nur ein wenig ausruhen.»

Hexen brauchen keine Angst vor Menschen zu haben. Die Hexe fürchtete sich auch nicht, als die merkwürdigen Männer sie aufforderten, ein Stück zu rücken, und sich rechts und links neben sie setzten und immer näher an sie heranrutschten. Sie mochte es nicht, daß sie sie anfaßten und tätschelten und unangenehm zudringlich wurden. Sie machten sich über sie lustig, lachten laut über die eigenen Scherze, nannten sie andauernd «Omma» und gaben sich große Mühe, sie von der Bank zu graulen. Gerade als die Hexe zu überlegen begann, was sie ihnen Böses antun könne, veränderte sich die Lage, denn der betrunkene Mann kam angetorkelt. Er schwenkte eine noch halb gefüllte Flasche und rief: «Da bin ich wieder. Ich hab dir deine Hälfte aufgehoben!»

Dann erkannte er endlich, daß die alte Frau nicht allein war, sah, wer bei ihr saß, blieb auf der Stelle stehen, panisches Entsetzen auf dem Gesicht.

«Mann, das is dem Hansi seine Freundin», rief der eine und: «Sogar Schnaps läßt er für sie springen!» der andere.

Mit zwei großen Sätzen waren sie bei dem Mann, rissen ihm die Flasche aus der Hand, setzten sie abwechselnd an den Mund, bis sie leer war. Dann warfen sie sie ins Gebüsch und begannen einen gefährlich klingenden Wechselgesang. «Darf der Hansi seine Freundin betrunken machen?» – «Nein, das darf er nicht! Da müssen wir was gegen tun.» – «Und wo er schon blau is, was soll da aus der Liebe werden, wenn sie es auch wird!» Sie lachten grölend.

Der Mann, den sie Hansi nannten, wurde von ihnen herumgestoßen, getreten und geschlagen und endlich gepackt und auf die Bank geworfen, daß ihm Hören und Sehen verging.

Der Hexe reichte es.

Ein gellender Pfiff, ein blendender Scheinwerfer, und immer mehr Polizisten rannten in den Park. Es dauerte kaum eine Minute, und die beiden Schwarzgekleideten wurden ziemlich grob abgeführt.

Die Hexe stand derweil wohlverborgen im Gebüsch und sah zu. Einer der Beamten, ein älterer Mann, beugte sich über den geprügelten Trinker auf der Bank. «Hansi? Bist du verletzt? Soll ich dich zum Arzt bringen? – Willst du nicht lieber heute nacht bei uns schlafen? – Nein? Aber sieh dich vor! Neulich haben sie einen alten betrunkenen Mann erschlagen. – Du mußt dich um ein Winterquartier kümmern. Es wird zu kalt für den Park. – Nein, du brauchst nicht vor Gericht auszusagen. Diesmal haben wir es genau gesehen. – Wo ist die alte Frau? Davongelaufen? Wenn du sie noch mal triffst, sag ihr, daß es im Park zu gefährlich ist.»

Im Streifenwagen sprachen die beiden Polizeibeamten über die merkwürdige Eingebung, die ihnen gleichzeitig gekommen sein mußte. Ohne jede Absprache war der Fahrer plötzlich zum Park gerast, und der Kollege hatte über Funk Verstärkung angefordert.

«Wenn man so lange im Geschäft ist», sagte der ältere Mann, «geht das mit dem sechsten Sinn.»

Sein Kollege nickte.

Auf Hansi hatten die Prügel ernüchternd gewirkt. Er saß zitternd neben der Hexe auf der Bank und berichtete von Skinheads und Punks und Rockern. Für die Hexe waren das unverständliche Namen. Weder sie noch Hansi sprachen Englisch. Sie mußte nachfragen. «Also die in schwarzem Leder heißen Rocker? Und wenn sie keine Haare haben, sind sie was?»

«Skinheads.»

«Und der mit den grünen und roten Haaren war ein Punker? Aber er hatte doch auch schwarzes Leder an?»

«Wo hast du bloß bisher gelebt?» fragte Hansi neugierig. «So was weiß doch jeder.»

«Auf dem Land», sagte die Hexe ausweichend. Sie fröstelte im kalten Nachtwind und dachte sehnsüchtig an ihr Häuschen am Waldrand.

«Du mußt dir Zeitungen beschaffen», riet Hansi.

«Wozu? Ich lese nicht gern.»

«Na, zum Drauflegen und Zudecken! Was dachtest du denn?»

Dazu schwieg die Hexe. Hansi versank in Nachdenken. Es dauerte einige Zeit und war anstrengend. Plötzlich schnippte er mit den Fingern. «Ich nehme dich mit zur Heilsarmee. Die kennen mich da. Sie lassen mich auch so spät noch rein. Da bekommst du Suppe.»

Die Hexe dachte an den Besen, den sie nicht im Stich lassen wollte. Sie nahm sich vor, früh am

Morgen, ehe es hell wurde, wieder in den Park zu gehen. Bis dahin würde ihn keiner finden.

Ein alter dürrer Mann, den Hansi Major Werner nannte, ließ sie ein. Sie bekamen einen Platz an einem Holztisch angewiesen, und eine junge dicke Frau, die Leutnant Franzi sein wollte, schöpfte aus einem Kochtopf Suppe.

Vielleicht wäre alles gutgegangen, wenn sie nicht hätten beten sollen. Vor den entsetzten Augen der Hexe neigte Hansi den Kopf, murmelte und sagte dann etwas lauter: «– und segne, was Du uns bescheret hast.»

«Sie auch, Schwester», forderte Leutnant Franzi die Hexe auf.

Die Hexe schnappte nach Luft. Leutnant Franzi hielt dies für den Beginn eines Gebets und munterte sie mit fröhlicher Stimme auf. «Wir wollen doch dem Herrn danken, daß Er uns diese köstliche Suppe gibt.»

Das wollte die Hexe unter gar keinen Umständen.

Auch sie begann zu murmeln. Leutnant Franzi wurde von plötzlicher Müdigkeit überwältigt, sank auf einen Stuhl und schlief fest ein. Major Werner, der gerade zur Tür hereinkam, sah sie schlafen. Die beabsichtigten mahnenden Worte fielen anders als geplant aus. Er schob die Uniformmütze auf den Hinterkopf, stemmte die Hände auf die Hüften, sah sich in der Runde der müden Strolche und Trinker um und rief: «Na,

Jungs, dann wollen wir mal ein Faß aufmachen, was?»

Es gab kein Faß bei der Heilsarmee, aber aus dem Suppentopf stieg süßer Punschduft auf.

Gegen fünf Uhr morgens erreichte das Fest seinen Höhepunkt. Die Nachbarn, die einiges gewöhnt waren, rotteten sich diesmal nach einer schlaflosen Nacht zusammen, klingelten Sturm, spähten durch Fenster, polterten und drohten und alarmierten endlich die Polizei.

Die Hexe, die den Eindruck gewonnen hatte, daß es sich unter den Menschen bisweilen ganz gut leben ließ und daß sie auf Punsch kaum anders reagierten als Hexen und Hexenmeister, hörte als einzige die Polizeisirene. Sie trat ans Fenster, sah den Wagen mit Blaulicht, sah die Autotür sich öffnen und die beiden Polizisten herausspringen, die sie schon vom Park kannte.

Später war sie stolz, wie schnell eine geübte Hexe hexen kann, auch wenn sie etwas zuviel Punsch getrunken hat.

Als die Beamten klingelten, öffnete Major Werner die Tür und hieß sie freundlich willkommen. Die Strolche und Trinker schliefen den Schlaf der Gerechten, Leutnant Franzi klapperte mit Geschirr, bot den Polizisten den soeben gekochten Kaffee an und schüttelte fassungslos den Kopf, als die Nachbarn im Gefolge der Polizei eindrangen und sich wütend über die nächtliche Orgie beschwerten.

Major und Leutnant deuteten stumm auf die friedlichen Schläfer, lachten ungläubig über den Vorwurf, Alkohol ausgeschenkt zu haben, und rüttelten endlich den auf der Bank liegenden Hansi wach und forderten von ihm eine Bestätigung.

«S-suppe», lallte Hansi, «nichts als S-suppe», sank zurück und schlief weiter.

Trotz des besten und reinsten Gewissens tat Beschwichtigung not. Es gab Frühstück für Polizei und Nachbarn. Brot, Margarine, Marmelade und Kaffee. Die Hexe frühstückte unsichtbar mit.

Nach einer Weile runzelte Leutnant Franzi die Stirn und fragte: «Wo ist die alte Frau, die Hansi heute nacht mitgebracht hat?»

«Sie wird oben schlafen», sagte Major Werner, und damit war die Hexe vergessen.

Die Hexe fand den Besen wohlbehalten in seinem Versteck, schob ihn noch etwas tiefer ins Gebüsch und machte dann einen Stadtbummel. Sie war eine unscheinbare alte Frau, die nirgends auffiel, weder im Supermarkt, wo sie für den Nachschub an Kaffee sorgte, noch im Modehaus, in dem es ihr ein buntbedruckter warmer Samtrock angetan hatte. Sie ließ ihn sich einpacken, bezahlte an der Kasse, lenkte die Gedanken der Kassiererin ab und holte sich das abgegebene Geld aus der noch offenen Schublade zurück. Eine kleine Bewegung des Zeigefingers, und die

Scheine flogen gehorsam in den Ärmel ihrer Besitzerin.

Sie aß in einem vegetarischen Restaurant, bewunderte die rosa bis lila bekleideten Kellner und Kellnerinnen, fand das Essen jedoch zu fad und bedauerte es, keine Kräuter aus dem heimischen Vorrat mitgenommen zu haben. Am Abend, als sie sich an den Lichtern, den bunten Leuchtreklamen und den prächtigen Auslagen genügend ergötzt hatte, kehrte sie in den Park zurück, um den Besen zu holen und sich von Hansi zu verabschieden. Wenn sie es recht überlegte, war er ihr erster netter Mensch.

Sie fand den Besen, aber keinen Hansi. Nun wieder unsichtbar, ritt sie durch die Luft. Es ging schneller. Auf der Polizeiwache war er ebensowenig wie im Gefängnis. Die Heilsarmee hatte noch nicht geöffnet. Beim letzten Rundflug entdeckte sie den Major und den Leutnant auf einem großen Platz. Der Major spielte Akkordeon, der Leutnant sang aus Leibeskräften mit anderen Frauen in Schutenhüten fromme Lieder. Die Hexe hörte eine Weile zu, fand Mißfallen an den Texten und begab sich wieder auf die Suche.

Hansi saß am Eingang eines Warenhauses auf der Erde, hatte den Hut umgekehrt neben sich gelegt und schlief fest. Die Hexe war schon zweimal an ihm vorbeigeflogen, bis sie ihn entdeckte. Sie verharrte einen Augenblick über ihm in der Luft, begann zu lächeln und zu murmeln, faßte die Einkaufstasche mit dem Kaffee und dem neuen Rock fester und machte sich auf den Heimflug.

Sie wurde erst am nächsten Nachmittag wach. Der Hahn und der Kater hatten sich wieder eingefunden und erwarteten voller Spannung ihren Reisebericht.

Die Tiere bewunderten den Rock, äußerten sich aber nicht zu dem Kaffee, den sie beide nicht tranken. Über das Punschfest lachten sie sehr, wollten sich damit aber nicht zufriedengeben. «Und sonst?» fragte der Kater. «Hast du sonst nichts gehext?» Und der Hahn sagte: «War das schon alles?»

«Das Beste», erklärte die Hexe in falscher Bescheidenheit, «soll man sich bis zum Schluß aufsparen.»

«Erzähle!»

«Vor meiner Abreise war ich erst bei der Polizei und dann im Gefängnis. Ich brauchte die Adresse. Der mit dem kahlen Kopf wird sehr schnell wieder Haare bekommen, eine adrette Frisur, kurz und mit einem Scheitel, die so bleibt, bis er fünfunddreißig ist.»

«Und dann?» fragte der Hahn enttäuscht.

«Dann wächst ihm ein hellblauer Hahnenkamm. Den hat er noch, wenn er achtzig ist.»

«Und was hast du mit dem angefangen, der den Hahnenkamm schon hat?»

«Der behält ihn», sagte die Hexe kichernd. «Auch für immer, auch in Grün und Rot. Und –» Sie erstickte jetzt fast an ihrem Gelächter. «Und er ist aus echten Federn.»

Die Tiere fanden das sehr komisch, wollten aber noch mehr hören. «Und was ist mit diesem Hansi», fragte der Kater, «gar nichts?»

«O doch, etwas Nettes.»

«Du und was Nettes?»

«Sehr nett», bestätigte die Hexe strahlend. «Er bleibt ein Bettler, aber er wird nie mehr Schnaps mögen. Wenn er bettelt, werden ihm alle Menschen, die gerade eingekauft haben, Geld in den Hut werfen müssen. Sie können nicht anders. Und wenn Hansi stirbt, wird man ein Vermögen bei ihm finden.»

Der Kater und der Hahn sahen sich an. Ihre Blicke fragten stumm: Findest du das sehr nett?

Aber das Zusammenleben mit einer Hexe übt ungemein. Wenn sie guter Dinge war und ihre Tiere nicht mit ihr lachten, teilte sie Tritte und Hiebe aus.

Der Hahn krähte, der Kater miaute, die Hexe wertete das als Zustimmung.

Doch ein Platz für Geister

Die Kinder sind nun erwachsen, der Haushalt ist klein geworden, und manchmal, wenn lange kein Besuch gekommen ist, fühlen das Haus und ich uns einsam.

Für mich ist es leichter. Ich kann dem Haus erzählen, was die Kinder und Enkel tun, an wen ich gerade denke und was ich eigentlich ihm erzählen möchte. Das Haus kennt sie alle. Lange Vorreden oder Erklärungen sind nicht nötig.

Wenn ich im Garten arbeite, hört sich das Haus geduldig meine Überlegungen an, wie es den Menschen ergehen soll, über die ich mir gerade ein Buch ausdenke. «Das Ausdenken», erkläre ich, «ist viel schwerer und dauert viel länger als das Schreiben. Ich denke Tage und Wochen nach, dann läßt sich das auf zehn Seiten aufschreiben.»

«Kein Wunder, daß du immer so lange brauchst», sagt das Haus spöttisch. «Tage und Wochen – für zehn Seiten!»

«Ich muß alles erfinden», suche ich mich zu verteidigen. «In meinem Leben geschieht wenig Dramatisches. Manchmal komme ich mir wie ein leergeschöpfter Brunnen vor, dessen Quelle versiegt ist.»

«Dann höre mir zu. Ich bin alt und habe viel erlebt. Vielleicht kannst du meine Geschichten brauchen.»

Ich habe sie gebraucht und einige davon hier aufgeschrieben.

Das Haus hat mich auch mit der Hexe bekannt gemacht, die früher ganz in der Nähe wohnte, schon lange fortgezogen ist, aber noch gelegentlich zu Besuch in die alte Heimat kommt.

Die Hexe hat versprochen, mir nichts anzutun. Ich bin nicht sicher, ob sie sich an die Abmachung halten wird. Ich denke mir, daß es von einer Hexe viel verlangt ist, daß sie das Hexen bleibenläßt, solange sie in meinem Wohnzimmer auf der Bank vor dem Bücherregal sitzt.

«Ich komme gut mit ihr aus», beruhigte mich das Haus. «Kannst du ihr nicht vorlesen, was du aus ihren Erzählungen gemacht hast? Auch Hexen freuen sich, wenn sie in Büchern vorkommen. Du mußt nur laut lesen. Sie hört nicht mehr so gut, und ihre Behauptung, daß sie lesen kann, halte ich für eine Übertreibung.»

Die Hexe hörte zu und sagte an ein paar Stellen: «Lies das noch mal! Das war mal ein guter Einfall, findest du nicht auch?»

Es wurde ein langer Abend. Sie mochte kein

Fleisch; ich habe uns Käsebrötchen im Ofen aufgebacken. Sie trank die Literflasche Wein allein aus und rauchte die Zigarillos, die ich von einer Einladung übrigbehalten hatte. Man konnte die Luft mit dem Messer schneiden, aber sie hat es gern warm. Im Haus roch es noch tagelang nach der Hexe. Sie riecht streng, nicht nur nach dem Kater und dem Hahn, auch nach viel ungewaschener Hexe.

Als ich ihre Geschichten zu Ende gelesen hatte, fragte sie, was sonst noch in der Mappe sei.

«Ach, noch einige Geschichten über andere Geister. Sie werden dich nicht interessieren.»

Sofort war es mit der Freundlichkeit vorbei. «Ach, du entscheidest, was mich interessiert und was nicht! Wie kommst du dazu?»

«Bitte, nimm es nicht übel. Es war nicht so gemeint. Ich hatte Angst, du könntest dich langweilen, und ich weiß auch nicht, welche Geister du sympathisch findest.»

«Das wirst du schon merken!» Sie machte merkwürdige Bewegungen mit den Händen und begann geheimnisvolle Fingerspiele. Mir lief es kalt den Rücken hinunter.

«Halt! Bitte nicht! Ich lese dir die anderen Geschichten beim nächsten Besuch vor. Ich verspreche es!»

Sie ließ sich beschwichtigen.

Das Haus und ich überlegten, wie wir uns auf

ihren Besuch vorbereiten könnten. Sie sagt sich nie an; sie kommt einfach.

«Für das Essen habe ich gesorgt», erklärte ich dem Haus. «Der Obstauflauf ist im Tiefkühlfach, und dann dachte ich an Waldmeisterbowle.»

«Hast du Zigarren?»

«Nein. Gut, daß du mich erinnerst. – Fällt dir sonst noch was ein?»

«Zuviel!» Das Haus wurde offensichtlich von Vorahnungen geplagt, wollte aber nicht mit der Sprache heraus. Als nach Tagen der Erwartung wieder keine Hexe gekommen war, machte das Haus Bemerkungen, die ich nicht verstand. Wie an jedem Abend klopfte ich ihm vor dem Zubettgehen auf die Mauer und sagte: «Gute Nacht, Haus.»

Das Haus knirschte mit dem alten Holz und klapperte mit den Türen. Es seufzte einmal tief auf, was sich bedrohlich anhört, so, als wolle es gleich einstürzen.

«Sie hat sich was ausgedacht! Neulich, als du nicht weiter vorlesen wolltest und sie fortgeschickt hast, habe ich sie beobachtet, als sie auf den Besen stieg. Sie hat gräßlich gelacht. Weißt du, dieses kreischende Gelächter.»

«Beim Verabschieden war sie aber freundlich.»

«Kann sein, daß ich mir nur was einbilde.»

Es fing ganz harmlos an. Sie kam, aß mit Genuß, schätzte den Waldmeistergeschmack, bat aber um eine Flasche Korn, um das Getränk «gehaltvoller» zu machen. Als ich die Mappe mit den Geschichten holte, setzte sie sich auf der Bank vor den Büchern zurecht, lehnte sich an den Brockhaus, zog die Beine hoch, umwickelte sie mit dem Rock, stellte sich die Bowlenterrine, die Zigarrenkiste und den kleinen Messingkochtopf meiner Großmutter als Aschenbecher in die Nähe und sagte huldvoll: «Jetz kannst du vorlesen.»

Es ist unheimlich; wenn die Hexe kommt, funktioniert unser Licht nicht richtig. Die Glühbirnen in der Stehlampe brennen matt und rötlich, und für den Nebel sorgt die Hexe mit dickem Zigarrenrauch. Das Haus sagt, es sei gespenstisch, und das läge ihm gar nicht. Auf meinen Einwand, daß es ruhig gespenstisch sein könne, wenn eine Hexe zu Besuch käme, lachte es nicht einmal. So humorlos kenne ich das Haus gar nicht.

An jenem Abend war das Licht besonders dumpf und der Rauch besonders dick. Ich mußte die Brille aufsetzen und die Blätter dicht an die Lampe halten. Jedesmal, wenn ich eine Pause einlegen oder der Hexe etwas erklären wollte, trieb sie mich an.

«Lies weiter! Ich will das hören! Keine Pausen!» Aus ihrer Stimme klang Ungeduld und Boshaftigkeit. Während ich, ständig von ihr angetrieben, meine Geschichten herunterratterte, bekam ich es mit der Angst zu tun. Der Umgang mit einer Hexe verlangt Mut, selbst wenn sie freundlich ist. Diesmal war sie alles andere als freundlich. Dem Haus war auch nicht wohl zumute. Beim gehetzten Lesen hörte ich es zweimal laut aufstöhnen, und einmal zitterte es so stark, daß sich sein Beben auf mich übertrug.

Ich las den letzten Satz. Die Hexe lachte kreischend und so laut, daß ich erschrocken zu ihr herumfuhr.

Sie waren alle da.

Die Karyatiden saßen auf dem Parkett, jede hatte eine tiefe Delle in den Fußboden gemacht. Der Reiter stand vor dem Roß, das nicht ganz durch die Wohnzimmertür paßte. Neben der Hexe auf der Bank grinste der Porzellanmann widerlich. Er hatte sich aufgepumpt und war so hoch wie zwei Reihen des Regals. Eine uralte gebückte Frau taperte durch das Zimmer. Mir stockte der Atem vor Angst. Das Gespenst waberte in Lebensgröße an der Wand hinter dem Sofa. Eine kleine alte Dame trat aus dem Schatten und Nebel auf mich zu. «Sie dürfen sich etwas wünschen», sagte sie. «Nein, nein, nicht das, an was Sie gerade denken. Wir wollen noch bleiben.»

Sie blieben und waren offenbar von der Hexe herbeigerufen worden, um sich nach Herzenslust zu zanken. Ich kroch immer mehr in mich zusammen und wurde immer kleiner, während sie durcheinander redeten, kreischten, schrien. Das Gespenst machte sich einen Spaß daraus, das arme Pferd zu erschrecken, das in der Tür feststeckte, sich nicht bäumen konnte, vor Angst in die Diele äpfelte und im Wohnzimmer die Augen verdrehte, daß man nur noch das Weiße sah. Gesehen habe ich die Pferdeäpfel natürlich erst später, gerochen hat man sie gleich. Als sich die gekrümmte alte Frau an mich heranmachen wollte und nach mir faßte, sprang ich auf und dachte nur noch an Flucht. Aber wohin? Das Pferd füllte die Türöffnung aus. Die ungebetenen Gäste beobachteten mich und lachten fürchterlich. Ich stolperte über den Karyatidenmann, wollte mich am Bücherregal festhalten, faßte aus Versehen nach dem Porzellanmann, an dem ich mir die Finger verbrannte. Aber ich hatte ihm einen Stoß gegeben; er kippte vornüber, zerschellte an der Schulter der Karyatidendame, fiel in tausend Scherben, die sich sofort wieder zusammenfügten. Er sprang in die Höhe und stand wieder auf der Bank. Ich habe noch nie jemanden so ekelhaft grinsen sehen.

Ich stand hilflos im Zimmer, während um mich herum das Geisterfest tobte. Keiner achtete mehr auf mich. Der einzige Fluchtweg ging durch die Tür. Ich wartete einen Augenblick ab, in dem die alte Fee und das Gespenst auf dem Sofa saßen, wo sie vom Pferd nicht gesehen werden konnten. Es war naßgeschwitzt und zitterte am ganzen Leib, hielt aber still. Ich kroch unter ihm durch in die Diele.

«Was soll ich nur tun?» flüsterte ich dem Haus zu, aber ihm mußte es die Sprache verschlagen haben. Ich bekam keine Antwort.

Aus dem Bad erklang lieblicher Gesang.

Der Nöck saß in der Wanne. Nur sein grüner Kopf und die Arme schauten aus dem duftenden Schaum heraus.

Ich sank auf den Badeteppich vor der Wanne, sah sein freundliches Gesicht mit dem Froschmaul und den großen sanften Fischaugen an und hörte ihm zu.

«Nie wieder werde ich dich fortschicken», sagte ich endlich. «Du darfst jedes Handtuch nehmen, das dir gefällt. Seegras und Algen stören mich überhaupt nicht. Ich glaube, ich liebe dich.»

Er sang so süß, daß mir schwindlig wurde.

In meine Benommenheit drangen Fetzen von Erinnerungen. Ich stand auf. «Ich komme wieder, Nöck, du singst so schön. Aber weil du hier bist, ist mir etwas eingefallen, das uns helfen könnte.»

Ganz hinten im Küchenschrank stand die alte Flasche mit dem fast verdunsteten Fleckenwasser.

«Was befiehlt mein Gebieter?»

Wie umarmt und küßt man einen Flaschengeist?

«Bitte! Bitte, schaff sie fort. Egal wohin, nur raus mit ihnen. Kannst du das?»

Der Flaschengeist schwebte über mir und neigte sein Haupt.

«Alle?»

«Ja, alle. Nein, nicht den Nöck! Der darf im Bad bleiben. Aber alle anderen.»

«Wie mein Gebieter befiehlt.»

Ich blieb erschöpft in der Küche sitzen. Ich konnte keinen Finger rühren. Ich rührte auch keinen Finger, als die Fee vom Breitöpfchen hereinkam. Sie war nicht mit mir zufrieden. Ich hatte keine Reste. Sie suchte selbst und fand auch nichts. «Was willst du?» fragte sie endlich.

«Bitte warte einen Augenblick. Ich sage es dir gleich.»

Ich schleppte mich ins Bad, sprach mit dem Nöck, schleppte mich wieder zurück. «Fischsud. Kannst du das kochen?»

Als sie fortging, brodelte in einem Topf dicker nach Lorbeer und Fisch duftender Sud.

Meinen Dank hörte sie nicht mehr.

Als der Flaschengeist zurückkehrte, hatte ich mich schon ein bißchen erholt.

«Ich danke dir tausendmal. Du hast das Haus und mich gerettet! Ich wußte nicht, daß du so mächtig bist, auch Hexen und Feen und andere Geister vertreiben zu können.»

«Es war eine harte Arbeit.» Er wischte sich die Stirn.

«Ich habe schon einmal zu dir gesagt, daß du frei bist. Nimmst du es heute an?»

Er sagte nicht ja, sondern etwas ganz Unerwartetes. «Der Nöck und ich vertragen uns gut. Wenn er bleibt, bleibe ich auch. Bei dir halte ich es aus. Du strapazierst mich wirklich nur in großer Not. – Wärst du bereit, auf Vorschläge einzugehen?»

Der Nöck badet morgens von zehn bis zwölf und abends von acht bis zehn. Der Flaschengeist wohnt jetzt in einer großen Flasche Birnenschnaps, den ich gelegentlich auffüllen muß, weil er trinkt. Der Fischsud reicht vorläufig aus. Wenn der Nöck badet, verläßt der Geist seine Flasche. Es klingt schaurig, wenn ein beduselter Flaschengeist und ein überfressener Nöck Duett singen.

Das Haus und ich sind dabei, uns daran zu gewöhnen. Neulich abends beim Gutenachtsagen stellte es fest:

«Früher war es bei uns ruhiger, aber dafür ist es jetzt weniger langweilig, findest du nicht auch?»

Die Hexe ist nicht mehr gekommen.
Das Parkett im Wohnzimmer ist repariert.

Die hundert schönsten Märchen aus der Sowjetunion

Als Band mit der Bestellnummer 11359 erschien:

In dieser Märchenreise kommen die verschiedenen Völker des riesigen Landes zu Wort. Eskimos und Jakuten, Usbeken und Georgier, Russen und Ukrainer, Litauer, Letten und Esten, Kirgisen, Tataren und Kalmücken erzählen in ihren Märchen von Liebe und Leid, Glück und Unglück, Bösen und Guten, Naturgewalten und Dämonen.

»Ein Buch voller Zauber und Poesie«

In der Reihe Bastei-Lübbe-PRÄSENT
erschien unter der Nummer 25059:

Die schönsten Lieder, Gedichte, Volksweisheiten und Erzählungen zum Jahresreigen aus dem reichen Schatz der Literatur.
In besonderer Ausstattung.

Sterne lügen nicht!

430 Seiten
Leinen

Was die Sterne über unsere Männer, Frauen, Liebsten, Kinder, Vorgesetzten, Angestellten und über uns selbst zum Vorschein bringen.

»Die bekannte Astrologin hat hier die Menschen mit viel Sachkenntnis, sprühendem Witz und psychologischem Fingerspitzengefühl bis in die verstecktesten Winkel ihrer Seele untersucht. Man findet sich selbst und seine Mitmenschen mit einer unglaublichen Bildhaftigkeit und äußerst präzise gespiegelt.«
Hessischer Rundfunk